reinhardt

Cordula Löffler · Franziska Vogt (Hg.)

Strategien der Sprachförderung im Kita-Alltag

Mit 3 Abbildungen und 15 Tabellen

Mit Beiträgen von Andrea Haid, Nadine Itel, Cordula Löffler, Elke Reichmann, Mandy Schönfelder, Franziska Vogt, Bea Zumwald

Ernst Reinhardt Verlag München Basel

Prof. Dr. *Cordula Löffler*, Sonderschulpädagogin und Germanistin, lehrt „Sprachliches Lernen" im Fach Deutsch an der PH Weingarten.

Prof. Dr. *Franziska Vogt*, Primarlehrerin, leitet das Institut Lehr- und Lernforschung an der PH St. Gallen und lehrt dort Pädagogik und Psychologie, insbesondere im internationalen Masterstudiengang „Early Childhood Studies".

Außerdem von C. Löffler (zusammen mit I. Füssenich) im Ernst Reinhardt Verlag erschienen:

- Schriftspracherwerb. Einschulung, erstes und zweites Schuljahr (2., durchges. Aufl. 2008, ISBN 978-3-497-02039-3)
- Materialheft Schriftspracherwerb. Einschulung, erstes und zweites Schuljahr (2., überarb. Aufl. 2009, ISBN 978-3-497-02116-1)

Bibliografische Information der Deutschen Nationalbibliothek

Die Deutsche Nationalbibliothek verzeichnet diese Publikation in der Deutschen Nationalbibliografie; detaillierte bibliografische Daten sind im Internet über <http://dnb.d-nb.de> abrufbar.

ISBN 978-3-497-02547-3 (Print)

ISBN 978-3-497-60224-7 (E-Book)

Diese Publikation wurde gefördert durch die Stiftung Ravensburger Verlag

Printed in Germany
Cover unter Verwendung eines Fotos von © Robert Kneschke – fotolia.com
Satz: SatzBild, Weisgerber

Ernst Reinhardt Verlag, Kemnatenstr. 46, D-80639 München
Net: www.reinhardt-verlag.de E-Mail: info@reinhardt-verlag.de

Inhalt

Online-Materialen
Übersichten, Vorlagen und Dialogbeispiele zu den Kapiteln können Leserinnen und Leser dieses Praxisbuchs auf der Homepage des Ernst Reinhardt Verlags unter http://www.reinhardt-verlag.de herunterladen. Das Zusatz-Material ist passwortgeschützt, das Passwort zum Öffnen der Dateien finden Sie am Ende des Buches.

Vorwort

Die Wichtigkeit und Bedeutung von gezielter Sprachförderung ist inzwischen unbestritten, in Kindergarten und Schule ist sie unverzichtbarer Bestandteil geworden. Zahlreiche Förderprogramme werden entwickelt, eine Vielzahl sehr unterschiedlicher Materialien ist erhältlich und für frühpädagogische Fachpersonen werden viele Fortbildungen angeboten. Der Markt ist kaum überschaubar. Die Autorinnen haben sich die Frage gestellt, wie sie als Alternative zu Sprachförderprogrammen die Integration der Sprachförderung in den Alltag unterstützen können. So entstand unser Forschungsprojekt „Sprachförderung im Alltag von Spielgruppe, Kita und Kindergarten (Sprima)", in dem alle Autorinnen dieses Buches mitgearbeitet haben. Das vorliegende Buch entstand im Rahmen dieses Forschungsprojektes. Es ist aber kein Forschungsbericht, sondern ein Praxisbuch für alle, die Sprachförderung zu ihren Aufgaben zählen.

Die Autorinnen lehren und forschen an unterschiedlichen Hochschulen in Deutschland und in der Schweiz: der Pädagogischen Hochschule Weingarten, der Evangelischen Hochschule Ludwigsburg, der Pädagogischen Hochschule St. Gallen und der Schweizer Hochschule für Logopädie Rorschach. Am Projekt nahmen 45 Spielgruppenleiterinnen, Erzieherinnen und Kindergarten-Lehrpersonen teil. Die Frühpädagoginnen besuchten unsere zweieinhalbtägige Weiterbildung zur alltagsintegrierten Sprachförderung. Vor und nach der Weiterbildung wurde ihre Sprachförderkompetenz mittels Videoaufzeichnungen erfasst, um die Wirkung der Intervention zu überprüfen. Aus diesen Aufnahmen stammen die zahlreichen Beispiele in diesem Buch. In den Schweizer Beispielen wurde das Schweizerdeutsche, in den Beispielen aus dem Raum Oberschwaben / Bodensee das Schwäbische ins Standarddeutsche übertragen.

Unsere Arbeit im Projekt wurde von unterschiedlichen Seiten unterstützt. Unser Dank gilt vor allem der Internationalen Bodenseehochschule IBH, die das Projekt durch die finanzielle Förderung erst ermöglicht hat. Daneben wurden wir von der Stadt St. Gallen, der Schweizer Arbeitsgemeinschaft für Logopädie und der Stiftung Ravensburger Verlag finanziell unterstützt. Wir danken den Praktikantinnen des Master-Studiengangs Early Childhood Studies (PH St. Gallen und PH Weingarten) für ihre Mitarbeit bei der Kodierung des Videomaterials: Lena Hollenstein, Sarah Kaye, Susanne Mock Tributsch, Karine Müller, Monika Schwitter und Silvia Suter. Daniel Berwanger danken wir für seine Unterstützung bei der Korrektur und Formatierung des Textes. Für das intensive Lektorat bedanken wir uns bei Stefan Klotter.

Im Text verwenden wir die geschlechtsneutrale Bezeichnung *frühpädagogische Fachperson*, bei den Beispielen dagegen *Frühpädagogin*, weil am Projekt ausschließlich weibliche Fachpersonen teilgenommen haben. Auch ihnen danken wir für ihr großes Interesse und die Teilnahme am Forschungsprojekt.

Wir freuen uns, wenn unser Buch dazu anregt, das Potenzial für Sprachförderung in den verschiedensten Alltagssituationen in Kita und Kindergarten zu nutzen.

Cordula Löffler und Franziska Vogt
Weingarten und St. Gallen im Februar 2015

1 Sprache im Alltag fördern

Von Bea Zumwald und Mandy Schönfelder

Der Spracherwerb stellt die Jüngsten unserer Gesellschaft vor eine anspruchsvolle Aufgabe. Die Kinder müssen ein Lautinventar aufbauen, Wortbedeutungen sammeln (Wortschatzerwerb) und grammatische Regelmäßigkeiten ableiten (Szagun 2011). Dieser eigenaktive Prozess basiert auf einer anregenden Interaktion mit Erwachsenen oder anderen Kindern (Gasteiger-Klicpera et al. 2010; Gretsch / Fröhlich-Gildhoff 2012). Je vielfältiger der Input in Quantität und Qualität ist, desto mehr sprachliche Erfahrungen kann das Kind dabei sammeln. Deshalb ist es pädagogisch sinnvoll, Kinder im Spracherwerb zu begleiten und zu fördern. Die Inhalte der Sprachförderung entstammen den Bausteinen des Spracherwerbs. Dazu zählen *Lautbildung, Wortschatz, Grammatik* und *Sprachhandeln*, aber auch *Sprachverständnis* und *Literalität* (Adler 2011).

1.1 Formen sprachlicher Förderung

Frühförderung im Vorschulalter hat das Ziel, den Lernerfolg, die Chancengleichheit und die Integration positiv zu beeinflussen (Fried / Briedigkeit 2008; Dickinson / Porche 2011). Insbesondere der frühen sprachlichen Bildung – praktisch umgesetzt von frühpädagogischen Fachpersonen – soll Rechnung getragen werden (OECD 2004, nach den Studien „Effective Provision of Pre-School Education“ (EPPE) und „Effective Pedagogy in the Early Years“ (EPEY) 2002).

Für die sprachliche Begleitung in Kindergarten und Kita stehen sich zwei gegensätzliche Ansätze gegenüber: **spezifische Förderprogramme** und **alltagsintegrierte Sprachförderung** (Gasteiger-Klicpera et al. 2010; Kieferle et al. 2013).

Sprachförderprogramme basieren auf der Annahme, dass sich Sprachlernen durch Wissensvermittlung und Übung erfolgreich steuern lässt. Dazu wird ein geplantes und schrittweise aufbauendes Förderschema benötigt. Der Spracherwerb wird in Einzelbausteine zergliedert, systematisch strukturiert und allgemeingültig umgesetzt. Sprache wird als festes System vermittelt. Die Aufgabe der frühpädagogischen Fachperson liegt dabei in der Anleitung und Durchführung vorstrukturierter Aktivitäten wie Übungen oder Lernspiele. Darüber hinaus kennzeichnen sich Sprachförderprogramme durch eine verbindliche Reihenfolge der Inhalte, eine Lernzielkontrolle und eine sprachzentrierte Lernumgebung (Wiedenmann 2007). Da Sprachförderprogramme auf festgelegten Unterrichtseinheiten basieren, ignorieren sie das Potenzial der Sprachförderung in Alltagssituationen. Soziale, motivationale und emotionale Aspekte, die für einen erfolgreichen Spracherwerb bedeutsam sind, werden eher vernachlässigt. Wenn sprachliche Strukturen ohne natürlichen Anlass gelernt und eingeübt werden, kann eine Übertragung auf den konkreten Alltag scheitern, sodass eine Kluft zwischen erworbenem Sprachwissen und dem Sprachhandeln entsteht. Es zeigt sich,

> *„dass es […] kein Wissen als abgespeicherte […] Repräsentationen gibt, die in einem […] Kontext erworben und in einen anderen Kontext umgewandelt werden können" (Renkl 2001, 719).*

Vielmehr wird Sprache zwischen Person(en) und Situation konstruiert. Diese Schwachstellen bestätigen sich auch in Wirkungsanalysen. So zeigen stark strukturierte Konzepte keine Wirkung (Gasteiger-Klicpera et al. 2010; Hasselbach et al. 2007; Sachse et al. 2012). Wenn mit Programmen gearbeitet wird, muss dies sehr intensiv und über mehrere Jahre erfolgen, damit eine Wirkung erzielt werden kann (Hany 1997).

Den Gegensatz zu den Sprachförderprogrammen bildet eine **Sprachförderung, die in den Alltag integriert ist** und alle Kinder – dem Stand ihres Spracherwerbs entsprechend – einbezieht. Diese alltagsintegrierte Vorgehensweise für die Sprachförderung entspricht auch den curricularen Vorgaben:

> *„Sprachförderung in Kindertageseinrichtungen wird nicht als isoliertes Sprachtraining verstanden, sondern als gezielte Erweiterung der Sprachkompetenz durch in den Alltag integrierte sprachanregende Angebote" (Ministerium für Kultus, Jugend und Sport Baden-Württemberg 2011, 36).*

In der alltagsintegrierten Sprachförderung ist Sprache ein Werkzeug situationsorientierter Interaktion (König 2009). Vor dem Hintergrund, dass jeder Tag ein Sprachlerntag ist, bieten sich alltägliche Situationen und natürliche Gespräche (Fachperson-Kind, Kind-Kind) jederzeit zur Sprachförderung an. Bei der erfolgreichen Begleitung des kindlichen Spracherwerbs sollen alle Kinder entsprechend ihrer Fähigkeiten unterstützt werden.

1.2 Dialogorientierte Sprachfördersettings

Gemeinhin wird in der Kita, in der Spielgruppe und im Kindergarten zwischen **strukturierten Angeboten** und **offenen Aktivitäten** unterschieden (Kucharz 2012). Beide Formen eignen sich gleichermaßen, um mit den Kindern in sprachförderliche Dialoge einzusteigen (Vogt et al., in Druck), da dialogorientierte Sprachförderung immer stattfinden kann.

In strukturierten Angeboten wie **Regelspielen** oder **Bastelarbeiten** bestimmt die frühpädagogische Fachperson ein Stück weit, was zu tun ist. Sie verfolgt ein klares Ziel und gibt das Material oder einen Ablauf vor. Trotzdem soll das Kind im vorgegebenen Rahmen seine eigenen Ideen einbringen. Häufig werden in Kitas und Spielgruppen als strukturiertes Angebot auch Bilderbücher erzählt. Um die Kinder zum Sprechen anzuregen, ist die **dialogische Bilderbuchbetrachtung** (Kraus 2005; Whitehurst et al. 1988) besonders hilfreich. Dabei liest die frühpädagogische Fachperson nicht nur vor oder erzählt, sondern sie führt mit den Kindern ein Gespräch über das Buch. Die Kinder bringen ihre eigenen Gedanken und Überlegungen ein. Die frühpädagogische Fachperson greift im Bilderbuch angesprochene Themen auf und erweitert und vertieft sie. Dadurch wird das Denken des Kindes angeregt und der Sprachinput sowie der Sprachgebrauch werden intensiviert.

Offene Aktivitäten sind weniger geplant, kommen jedoch in der Einrichtung häufig vor. Die Kinder essen, ziehen sich an und aus, basteln oder gehen nach draußen. Diese Tätigkeiten eignen sich sehr gut, um mit den Kindern zu sprechen. Neben diesen Alltagstätigkeiten bietet das **Freispiel** unzählige Möglichkeiten für Dialoge. Das Spielen ist für Kinder im Vorschulalter ein wichtiges sprachliches Lernfeld (Hauser 2013; Lorentz 1999). Denn die Entwicklung des Spiels ist eng mit der Entwicklung der Sprache verbunden. Beides beeinflusst sich gegenseitig. Insbesondere unterstützt das Spiel das Symbolverständnis des Kindes. Dieses spielt für den Spracherwerb eine zentrale Rolle, da Wörter auch Symbole sind. In einer anregenden Spielumgebung soll den Kindern interessantes Material zur Verfügung gestellt werden, das sie motiviert, in ihre Fantasiewelten einzutauchen (Wannack et al. 2009). Die Rolle der frühpädagogischen Fachperson beschränkt sich jedoch nicht darauf, das Spiel über Material anzuregen (Tournier et al. 2014). Sie sollte dazu beitragen, dass die Kinder miteinander ins Spiel und somit ins Gespräch kommen. Auch Kinder mit geringen Sprachkenntnissen sollten in das Spiel involviert werden. Damit sind sie gefordert, sich in Worten und Handlungen spontan auszudrücken. Die frühpädagogische Fachperson kann auch selbst am Spiel teilnehmen. Sie übernimmt eine Rolle, fasst das Geschehen in Worte, geht auf die Kinder ein. Durch das Eintreten in den Dialog regt sie kognitive Prozesse an und dient den Kindern als wertvolles Sprachvorbild (Sylva et al. 2004).

1.3 Leitprinzipien alltagsintegrierter Sprachförderung

- Für die Sprachförderung im Alltag ist die Interaktion von Fachperson und Kind von zentraler Bedeutung. Eine professionelle Form dieser dialogisch ausgerichteten Gesprächsführung stellt die Interaktionsform des *gemeinsam geteilten Denkens* (*Sustained Shared Thinking)* (Sylva et al. 2004) dar. Dabei werden gemeinsam herausfordernde Gedanken entwickelt und fortgeführt.
- Eng damit verbunden ist der Ansatz *sensitiver* und *erweiternder Responsivität* (Remsperger 2013). Sensitive Responsivität meint, dass die Signale der Kinder aufgegriffen und die sprachlichen Äußerungen der Kinder ergänzt werden. Die erweiternde Responsivität wird durch den Einsatz sprachfördernder Strategien umgesetzt (Inputmanagement nach Dannenbauer 1994).
- Die *Kontextoptimierung* (Motsch 2010) zielt darauf ab, dass Kinder die Formen und Funktionen sprachlicher Strukturen stets in konkreten Situationen erfahren können. Die Spracherfahrungen werden dabei nicht konstruiert, sondern ergeben sich im konkreten Handeln.
- Auch die Entwicklungsangemessenheit (*Adaptivität*) (Ruberg/Rothweiler 2012) gilt als Qualitätskriterium. Die sprachförderlichen Verhaltensweisen werden an den kindlichen Sprachstand angepasst. Dazu bedarf es des Wissens um die kindlichen Sprachfähigkeiten, damit Förderstrategien adaptiv und wirksam eingesetzt werden können.

Mit den Eigenschaften der Adaptivität und der Einbettung in konkrete Situationen grenzt sich die alltagsintegrierte Förderung von den Sprachförderprogrammen ab und verankert sich zunehmend in der frühpädagogischen Praxis.

1.4 Strategien der Sprachförderung

Um Kinder in ihrem Spracherwerb wirksam fördern zu können, sollte die frühpädagogische Fachperson konkrete Strategien zur Verwendung im Alltag kennen. Für das IBH-Forschungsprojekt „Sprima – Sprachförderung im Alltag von Spielgruppe, Kita und Kindergarten“ (Vorwort) wurden fünf Strategien ausgewählt und weiterentwickelt, die aufgrund der Literatur zu Sprachförderung als wirksam einzustufen sind (Übersicht „Vergissmeinnicht der Sprachförderung“ im Online-Material).

Die fünf Strategien werden in den Kapiteln drei bis sieben ausführlich vorgestellt. Vorab ein kurzer Überblick:

- **Erste Strategie „Im Dialog mit Kindern":** Der Dialog mit den Kindern ist von zentraler Bedeutung für eine erfolgreiche Sprachförderung (König 2007). Dazu muss die frühpädagogische Fachperson für von den Kindern ausgehende Impulse offen sein. Sie greift die Themen des Kindes auf, erweitert diese und fragt nach. Sie interessiert sich für die Welt des Kindes. Von sich aus vertieft sie Themen, die sich im Alltag ergeben (Bertau 2006; Best et al. 2011). Ein echter Dialog zeichnet sich dadurch aus, dass das Kind auch aktiv eigene Gedanken einbringt. Im Dialog versprachlicht die frühpädagogische Fachperson Handlungen, die das Kind oder sie selber ausführt. Indem das Kind seine Aufmerksamkeit auf die Handlung richtet und gleichzeitig in Worten hört, was es sieht, erweitert sich sein Verständnis. Es lernt neue Wörter und Zusammenhänge.
- **Zweite Strategie „Schritt für Schritt den Wortschatz fördern":** Die frühpädagogische Fachperson verwendet oft neue Wörter, die das Kind noch nicht kennt. So findet Wortschatzförderung im Alltag häufig statt. In den ersten Lebensjahren sind Kinder wie Wort-Staubsauger. Sie können sich Wörter bereits nach nur einmaligem Hören merken. Damit sie die Bedeutung und die korrekte Verwendung von Begriffen verinnerlichen, müssen sie diese immer wieder in verschiedenen Situationen hören und erleben. Erst zu einem späteren Zeitpunkt können die Kinder die Wörter bewusst anwenden (Apeltauer 2012).
- **Dritte Strategie „Sprache modellieren":** Durch die korrekte Wiederholung fehlerhafter Äußerungen korrigiert die frühpädagogische Fachperson das Kind nebenbei. Sie kann dem Kind eine bessere Satzstruktur anbieten oder das Gesagte inhaltlich erweitern (Dannenbauer 2002; Motsch 2010). Dabei weist sie das Kind nicht explizit auf einen Fehler hin, weil solch ein „Tadel" seine Sprechfreude beeinträchtigen kann. Während die frühpädagogische Fachperson dem Kind zeigt, dass sie es richtig verstanden hat, hört das Kind gleichzeitig die korrekte Äußerung. Es wird indirekt korrigiert und kann die richtigen Formen abspeichern. Ursprünglich stammen diese Techniken aus den frühen Eltern-Kind-Dialogen. Sie wirken jedoch auch bei älteren Kindern, wenn sie gezielt eingesetzt werden (Ruberg/Rothweiler 2012).
- **Vierte Strategie „Den Spracherwerb mit Fragen fördern und begleiten":** Durch Fragen hält die frühpädagogische Fachperson den Dialog aufrecht und bekundet Interesse an dem Thema des Kindes. Die gestellten Fragen regen das Kind an, Äußerungen zu formulieren, eigene Gedanken auszusprechen und über etwas nachzudenken (König 2009).
- **Fünfte Strategie „Redirect":** Nicht nur der Dialog mit der frühpädagogischen Fachperson wirkt sprachförderlich, sondern auch die Interaktionen der Kinder untereinander (Licandro/Lüdtke 2013; Rice et al. 1991; Schuele

et al. 1995). Wenn die Kinder mit anderen spielen und kommunizieren, verbessern sie nebenbei ihre Sprachfähigkeiten. Die Technik des Redirects zielt deshalb darauf, dass die frühpädagogische Fachperson Gespräche zwischen den Kindern initiiert und unterstützt. Wenn ein Kind mit einem Anliegen an die Fachperson herantritt, leitet sie es an ein anderes Kind weiter. Oder sie schlägt zum Beispiel einem allein spielenden Kind vor, was es einem anderen Kind sagen kann, damit es eventuell zu einem gemeinsamen Spiel kommt.

1.5 Vereinigung der Strategien im Dialog

Während eines Dialogs der frühpädagogischen Fachperson mit einem Kind oder einer Kindergruppe verwendet sie alle Strategien. Sie stellt Fragen und bietet neue Wörter an. Mittels Modellierungsstrategien reagiert sie auf Äußerungen des Kindes, korrigiert und erweitert sie. Ab und zu lässt sie ein Redirect einfließen. Im folgenden Beispiel schaut eine frühpädagogische Fachperson mit einem Kind ein Bilderbuch an (Tab. 1).

1.6 Entwicklungsangemessene und adaptive Unterstützung

Zur Förderung der Sprache tritt die frühpädagogische Fachperson in den Dialog mit den Kindern. Dabei setzt sie flexibel die beschriebenen Strategien ein. Da die Strategien ins Gespräch eingebunden sind, müssen sie inhaltlich und von der sprachlichen Form den Äußerungen des Kindes angepasst sein. Forschungsergebnisse zeigen, dass sprachliche Interaktionen mit Kindern besonders dann wirksam sind, wenn sie der sprachlichen Entwicklung des Kindes angepasst werden (Ruberg/Rothweiler 2012). Die sprachliche Entwicklung des Kindes erfolgt nach einem bestimmten natürlichen Ablauf. Somit lässt sich bei exakter Beobachtung des Sprechverhaltens des Kindes der nächste Entwicklungsschritt voraussehen. Eine wirksame Förderung orientiert sich an diesem nächsten Entwicklungsschritt (Vygotskij 1972). Dabei dient die frühpädagogische Fachperson als Sprachvorbild und liefert dem Kind die Strukturen, die es erwerben soll. Das Kind wird darin unterstützt, seine eigenen Sprachfähigkeiten der Zielsprache anzupassen. Es kann neue Wörter und Sprachmuster entdecken (Albers 2009; Dannenbauer 1984; Gibbons 2002; Siraj-Blatchford et al. 2002). Kinder sind in der Lage, aus dem sprachlichen Angebot die Strukturen herauszunehmen, die sie brauchen. Deshalb sollten diese möglichst häufig in natürlichen Gesprächs-

Tab. 1: Vereinigung der Strategien am Beispiel

Beispiel	**Gewählte Strategie**
FP: *Wer ist das?*	Frage (Ergänzungsfrage; vgl. Kapitel 6)
Nadja: *Der Ennetrack.*	
FP: *Der Traktor, genau.*	Modellierung (auf der Wortebene; vgl. Kapitel 5)
N: *Der Ennetrack, das kenn ich. Macht viel Lärm.*	
FP: *Ah, ja. Woher kennst du das?*	Frage (Ergänzungsfrage) Dialog (Thema des Kindes aufnehmen und weiterführen)
N: *Hab ich als Spielzeugtraktor. Spiel ich oft mit meine Buder.*	
FP: *Ach so. Mit deinem Bruder spielst du das!*	Modellierung (auf Laut- und Grammatikebene)
FP: *Schau mal, wer lebt noch auf dem Hof und steht hinter dem Traktor?*	Frage (Ergänzungsfrage)
N: *Hund!*	
FP: *Der Hund! Genau, ein Dalmatiner!*	Modellierung (Erweiterung auf Satzebene) Wortschatz (Anbieten eines neuen Wortes; vgl. Kapitel 4)
N: *Wau, wau*	
FP: *Wau, wau, genau. Der Hund bellt. Warum bellt der Hund den Traktor laut an?*	Versprachlichen (vgl. Kapitel 3) Frage (Ergänzungsfrage mit Warum)
N: *Weiss nicht …*	N. kann die Frage nicht beantworten.
FP: *Meinst du, er freut sich, weil der Bauer gleich losfährt, oder möchte er gern etwas zu fressen?*	Frage (Alternativfrage, die N. beantworten kann)

situationen angeboten werden (Ruberg/Rothweiler 2012, 47). Da jedes Kind angemessen gefördert werden soll, entfällt die ausschließliche Konzentration auf wenig Deutsch sprechende Kinder mit Migrationshintergrund oder auf Kinder mit Spracherwerbsverzögerungen.

Voraussetzung für Sprachförderkompetenz (Fried 2009) ist ein **hinreichendes Wissen über den Spracherwerb** des Kindes sowie die Fähigkeit, dessen aktuelles sprachliches Lernen zu beobachten und einzuschätzen. **Sprachdiagnose** ist als Grundlage für wirksames pädagogisches Handeln unabdingbar

(Ruberg/Rothweiler 2012). Für die alltagsintegrierte Sprachförderung sind nicht in erster Linie Diagnoseinstrumente wie Sprachtests, Screenings oder Portfolios (Fried 2013; Kany/Schöler 2010; Reichert-Garschhammer/Kieferle 2011) zielführend. Wichtiger ist die laufende Beobachtung des Kindes während der Interaktion. Wie reagiert das Kind auf den Input? Wie zeigt es, ob es verstanden hat? Welche sprachlichen Strukturen verwendet es? Was kann es? Wo macht es noch Fehler? Auf der Basis solcher Beobachtungen kann die frühpädagogische Fachperson das eigene Sprechen anpassen und das Kind entwicklungsangemessen unterstützen. Im Projekt Sprima wird neben der laufenden Beobachtung des Kindes im Gespräch ein **Beobachtungsbogen** als Instrument vorgeschlagen. Damit kann die frühpädagogische Fachperson detaillierter festhalten, wie die einzelnen Kinder sprechen und Sprache verstehen (Kap. 2) und kann daraus geeignete Fördermaßnahmen ableiten.

Durch eine entwicklungsangemessene Unterstützung wird das Kind angeregt, seine grammatikalischen Strukturen, den Wortschatz und sein Sprachverständnis zu erweitern.

Jede der in diesem Buch beschriebenen Strategien kann auf verschiedenen Schwierigkeitsstufen angewendet werden. Alle Strategien eignen sich für jüngere Kinder, Kinder mit Deutsch als Zweitsprache und solche mit Spracherwerbsverzögerungen genauso wie für ältere Kinder, solche mit Deutsch als Erstsprache und solche mit sehr guten Sprachkenntnissen. Die frühpädagogische Fachperson muss sie nur entsprechend anpassen. Hinweise dazu finden sich in den Kapiteln drei bis sieben zu den Strategien.

Sprachförderung und Dialektgebrauch

In der Sprachförderung ist die frühpädagogische Fachperson sprachliches Vorbild. Inwiefern die Sprache des Erwachsenen oder eines älteren Kindes dabei standardsprachlich angenähert oder dialektal gefärbt sein darf, wird kontrovers diskutiert. Es gibt Vor- und Nachteile des Dialektgebrauchs.

Der Dialekt verkörpert Identität und Authentizität. Als Sprache der Heimat nimmt er einen besonderen Stellenwert ein. So zeigt die dialektsprechende pädagogische Fachperson ihre regionale Zugehörigkeit und vermittelt dem Kind Geborgenheit. Vor allem in emotionalen Situationen trägt der Dialekt zu einer vertrauten Beziehung zwischen Fachperson und Kind bei. Dialekt ist die Sprache der Nähe und für die pädagogische Fachperson zugleich die „authentische Sprache“ (Bröder 2012, 40). Er ermöglicht ihnen, in Situationen ungehemmt und spontansprachlich zu agieren. Allerdings weicht der Dialekt in der Lautung (*kannscht* für *kannst*), der

Grammatik (*ich ruf dir an* für *ich rufe dich an*) und bei Wortbedeutungen (*Kittel* für *Mantel*) vom Standard ab. Diese Besonderheiten widersprechen einem sprachförderlichen Verhalten. Kinder mit Sprachförderbedarf oder zweisprachig aufwachsende Kinder könnten Schwierigkeiten haben, wenn die Bezugspersonen häufig zwischen Dialekt und Standardsprache wechseln. Darüber hinaus können lautliche Abweichungen den Schriftspracherwerb erschweren (Löffler 2011).

Die Entscheidung für oder gegen Dialekt darf sich nicht nur nach der kindlichen Zielgruppe richten. Viele Fachpersonen tendieren dazu, die Sprache von dialektsprechenden Kindern aufzugreifen, wohingegen den Kindern mit Deutsch als Zweitsprache eher standardsprachlich begegnet wird. Diese adressatenorientierte Sprachwahl schränkt jedoch die Interaktion zwischen den Kindern ein. Gelingt es zwar dem Dialekt, Sympathie und Vertrautheit authentischer zu vermitteln, entstehen andererseits auch Hürden für den Spracherwerb. Die fließenden Grenzen im Dialekt und ein ständiger Wechsel zwischen Dialekt und Standard erschweren den Erwerbsprozess. Vor allem Kindern mit Deutsch als Zweitsprache oder mit sprachlichen Auffälligkeiten gelingt es dabei nicht, die Zielstrukturen der Standardsprache aus dem Dialekt zu erschließen. Auch im Übergang Kindergarten-Schule gewinnt die Standardsprache an Bedeutung. Der Einstieg in die Schriftsprache wird erfolgreich angebahnt. Eine standardsprachliche Annäherung ist die Empfehlung.

Demgegenüber stehen Gebiete bzw. Länder, in denen der Dialekt als eigene Sprache gepflegt und im (Zweit-)Spracherwerb vermittelt wird (bspw. die schweizerdeutsche Mundart). Dialekt wird in diesen Regionen als Form der Mehrsprachigkeit verstanden und wertgeschätzt. Hierfür empfiehlt sich, konkrete Situationen im Dialekt und andere in Standardsprache zu gestalten (bspw. dialektaler Sprachgebrauch in Pflege-/Hygienesituationen, Spielangebote in standardsprachlicher Annäherung, Bilderbuchbetrachtung und Vorlesen in Standardsprache). So sollten beide sprachlichen Varianten in der Einrichtung vorkommen, damit die Kinder ein Sprachbewusstsein entwickeln können.

2 Kindlicher Spracherwerb

Von Andrea Haid und Cordula Löffler

Für eine gezielte Förderung von Kindern ist die Diagnostik sprachlicher Fähigkeiten und Schwierigkeiten unerlässlich. Fried (2006) kritisiert, dass sprachdiagnostische Instrumente vor allem nur für Experten entwickelt werden. Auch Kany / Schöler (2010) sehen die Notwendigkeit einer frühpädagogischen Sprachdiagnostik im Kindergarten und fordern in diesem Zusammenhang, die diagnostischen Fähigkeiten von frühpädagogischen Fachpersonen gezielt zu schulen. Sie geben einen Überblick sowie eine Bewertung zu vorhandenen diagnostischen Verfahren sowie standardisierten Testverfahren (Kany / Schöler 2010).

Das vorliegende Buch enthält einen Bogen der den ersten wichtigen Schritt der Diagnostik fokussiert: **die Beobachtung** (Abb. 1) (Vorlage „Leitfragen zur Beschreibung von Sprachkompetenz" zum Selbstausfüllen im Online-Material).

Einer Frühpädagogin im Kindergarten wird es kaum möglich sein, eine umfassende Sprachstandsdiagnostik auf allen Ebenen durchzuführen. Der hier verwendete Beobachtungsbogen liefert daher Leitfragen, die eine qualitative Beobachtung und nachfolgend eine Einschätzung der Kompetenzen eines Kindes auf den unterschiedlichen Sprachebenen unterstützen. Dabei orientiert sich der Beobachtungsbogen an den Erwerbsphasen innerhalb der einzelnen Sprachebenen.

2.1 Meilensteine des Spracherwerbs

Um Sprache zu beschreiben, bedient sich die Sprachwissenschaft (*Linguistik*) einzelner Betrachtungsebenen. Dabei wird das System Sprache wie folgt unterteilt:

- Wie ist die Sprache in Bezug auf die Bedeutung der Wörter Wortschatz aufgebaut? *(Wortschatz)*
- Welche grammatischen Regeln gelten in der Sprache? *(Grammatik)*
- Welche Laute und Lautverbindungen gibt es in der Sprache? *(Laute)*
- Was bewirkt Sprache auf kommunikativer Ebene und welche Handlungen löst Sprache aus? *(Pragmatik)* Was bewirkt zum Beispiel die Aussage „Ich habe Hunger" bei meinem Gegenüber?

Beobachtungsbogen „Leitfragen zur Beschreibung von Sprachkompetenz“

Vorlage: Leitfragen zur Beschreibung von Sprachkompetenz

Kind:

Geschlecht: **Alter:** **Erstsprache:** **Datum:**

Bemerkung:

Beobachtungsbereiche	Beobachtungen und Beispiele
Spielverhalten Wie und womit spielt das Kind? Spielt das Kind mit anderen Kindern oder lieber allein?	
Motorik Wie sind die Grobmotorik und die Feinmotorik des Kindes?	
Wahrnehmung Zeigen sich in Bezug auf die Wahrnehmung nennenswerte Beobachtungen (z.B. Unterscheidung von Farben)? Gibt es z.B. Auffälligkeiten bzgl. des Hör- und Sehvermögens?	
Sprachverständnis Wie reagiert das Kind auf einfache Aufforderungen (im Alter von 2–3 Jahren) bzw. auf komplexe Aufforderungen (im Alter von 3–4 Jahren)? Kann es das Gehörte umsetzen, braucht es unterstützende Gesten, orientiert es sich an anderen Kindern oder fragt es nach? Gibt es Situationen, in denen das Kind besser bzw. schlechter versteht? Wie lassen sich diese Situationen beschreiben?	
Wortschatz Wie signalisiert das Kind, dass es etwas haben möchte? Verwendet das Kind die korrekten Bezeichnungen oder zeigt es eher auf die Gegenstände? Vermeidet das Kind sprachliches Verhalten, indem es z.B. schweigt oder mit Floskeln reagiert (wie „Weiß nicht“)? Wenn ein Kind ein Wort nicht weiß, ersetzt es dieses durch ein anderes Wort? Welche „Ersatzwörter“ werden verwendet? Wie reagiert das Kind, wenn es die Bedeutung eines Wortes nicht verstanden hat? Fragt es nach? Wie reagiert das Kind, wenn es merkt, dass es etwas falsch gesagt hat? Korrigiert sich das Kind selbst oder übernimmt es Korrekturen von anderen Personen?	

Beobachtungsbereiche	Beobachtungen und Beispiele
Lautung Wie verständlich spricht das Kind? Welche Laute (u.a. /sch/, /r/, /s/, /k/, /g/, /ng/) bildet das Kind nicht richtig? Lässt das Kind Laute aus oder ersetzt es Laute durch andere („delb“/gelb, „drün“/grün)? Welche Laute werden durch andere ersetzt?	
Grammatik Wie spricht das Kind über sich selbst (Ich-Form oder Name)? Wie verwendet das Kind Verben/Tätigkeitwörter (in gebeugter Form wie „Der Hund bellt“ oder in der Grundform wie „Hund bellen“)? Verwendet das Kind den Artikel vor dem Nomen/Hauptwort bzw. verwendet es den Artikel richtig? Wie bildet das Kind den Plural/die Mehrzahl? Kann das Kind den Dativ/dritten Fall richtig bilden (wie „dem Mann“ oder „der Frau“)? Verwendet das Kind den dritten Fall gemeinsam mit Präpositionen (wie „mit dem Hund“)? Wenn das Kind den Dativ noch nicht richtig verwenden kann, wie ersetzt es den Dativ („er gibt den Mann den Ball“)? Wie erzählt das Kind von Begebenheiten, die bereits vergangen sind, d.h. wie bildet es die Vergangenheit (wie „Ich bin mit dem Bus gefahren“)? Bildet das Kind Nebensätze (wie „Ich esse gerne ein Eis, wenn die Sonne scheint“)? Welche Art von Nebensätzen verwendet es (bitte Beispiele nennen)?	
Kommunikation Hält das Kind die allgemeinen Kommunikationsregeln ein (u.a. Blickkontakt, Sprecherwechsel)? Wenn nein, was fällt auf? Wie kommuniziert das Kind mit anderen Kindern? Wie verhält sich das Kind bei Gruppengesprächen? Kann das Kind zuhören und/oder selbst eine passenden Beitrag ins Gespräch einbringen? Wie reagiert das Kind in schwierigen Situationen (u.a. Streit, Angst)? Hält sich das Kind sprachlich zurück oder kann es sich sprachlich äußern? Wie beteiligt sich das Kind an Rollenspielen (Spiel- und sprachliches Verhalten)?	

Beobachtungsbereiche	Beobachtungen und Beispiele
Erzählkompetenz Wie berichtet das Kind von selbst Erlebtem? Erzählt es gern davon? Ergreift das Kind selbst die Initiative, etwas zu erzählen oder muss es von einer anderen Person (anderes Kind oder Erwachsener) zum Erzählen aufgefordert werden? Erzählt das Kind gehörte/vorgelesene Geschichten nach? Wenn ja, wie gut nachvollziehbar sind die Erzählungen? Setzt sich das Kind aktiv mit Erzähltem/Vorgelesenem auseinander? Stellt es u.a. Fragen?	
Redefluss Wie lässt sich der Redefluss des Kindes beschreiben? Ist das Sprechen vorwiegend gut verständlich oder häufig überhastet (u.a. Auslassung von Wortteilen oder ganzen Wörtern)? Ist eine stotternde Sprechweise zu beobachten? Wenn ja, wie zeigt sich das (u.a. „steckenbleiben“, häufige Wiederholung einzelner Wörter)?	
Dialekt In welcher sprachlichen Varietät (Dialekt vs. Standarddeutsch/Schriftdeutsch) spricht das Kind am häufigsten? Wenn das Kind häufiger Dialekt spricht, wie reagiert es, wenn es in Standarddeutsch angesprochen wird und umgekehrt? Antwortet das Kind in Standarddeutsch oder im Dialekt? Wie spricht das Kind in Rollenspielen? Wechselt es manchmal spontan zwischen Dialekt und Standarddeutsch? Gibt es Situationen, in denen das Kind Standarddeutsch spricht? Wie lassen sich diese Situationen beschreiben?	
Mehrsprachigkeit Welche Erstsprache bzw. Erstsprachen hat das Kind? Mit wem kommuniziert das Kind in welcher Sprache? Welche Sprache wird im Kindergarten vorwiegend von diesem Kind benutzt? Wie reagiert das mehrsprachig aufwachsende Kind, wenn es ein Wort in einer seiner Sprachen nicht kennt? Setzt es das entsprechende Wort aus der anderen Sprache ein?	

Beobachtungsbereiche	Beobachtungen und Beispiele
Vorläuferfähigkeiten für den Schriftspracherwerb	
(im weiteren Sinne)	
Wie verhält sich das Kind beim Singen? Kann das Kind bei bekannten Liedern u.a. den Text mitsingen?	
Welches Rhythmusgefühl hat das Kind? Kann das Kind einen Rhythmus mitklatschen und/oder zur Musik im Takt hüpfen?	
Wie geht das Kind mit Reimen um? Bildet das Kind eigene Reime und/oder Unsinnsreime? Kennt das Kind Abzählreime und kann richtig abzählen, d.h. den Abzählreim aufsagen und im Sprachrhythmus auf die Kinder zeigen?	
Wie geht das Kind mit Schriftzeichen um? Interessiert sich das Kind für Schrift und/oder fragt nach, was z.B. in/auf einem Buch oder Plakat steht?	
Wie geht das Kind mit Bilderbüchern um? Interessiert sich das Kind für Bilderbücher und/oder tut das Kind so, als ob es liest oder schreibt?	

Zusammenfassung und Beurteilung der sprachlichen Beobachtung

Empfehlungen für weitere Abklärungen

Abb. 1: Beobachtungsbogen „Leitfragen zur Beschreibung von Sprachkompetenz“

Tab. 2: Linguistische Betrachtungsebenen und deren Fokus

Sprachlicher Teilbereich	Linguistische Bezeichnung
Wortschatz	semantisch-lexikalische Ebene
Laute	phonetisch-phonologische Ebene
Grammatik	morphologisch-syntaktische Ebene
Pragmatik	pragmatisch-kommunikative Ebene

Die Unterscheidung einzelner Betrachtungsebenen hilft dabei, den kindlichen Spracherwerb zu erklären und in weiterer Folge gezielt zu beobachten und zu fördern. Die Ebenen sind jedoch nicht als isolierte Entwicklungsbereiche zu werten. Vielmehr beeinflussen sich die Bereiche während des Spracherwerbs gegenseitig. Zum Beispiel kommt es durch eine Zunahme des Wortschatzes zu längeren Äußerungen des Kindes und folglich zur Festigung der ersten grammatischen Regeln (Tab. 2).

Die einzelnen sprachwissenschaftlichen Betrachtungsebenen unterscheiden sich zudem in Bezug auf die Fähigkeiten im Sprachverständnis und der Sprachproduktion. Versteht das Kind ein gesagtes Wort? Führt es eine Aufforderung korrekt durch? Kann das Kind unterschiedliche Dinge korrekt benennen oder einen Satz grammatisch korrekt produzieren? Die Fähigkeit des Verstehens (*Rezeption*) geht dabei der Produktion im Spracherwerb stets voraus. Das Kind versteht mehr, als es selbst produzieren kann.

Die Meilensteine des Spracherwerbs werden im Folgenden anhand der sprachwissenschaftlichen Betrachtungsebenen beschrieben (Tabellarische Übersicht über die „Meilensteine des Spracherwerbs" im Online-Material).

Semantisch-lexikalische Ebene

Die semantisch-lexikalische Betrachtungsebene umfasst die inhaltliche Bedeutung (*Semantik*) der sprachlichen Zeichen (d. h. welche Bedeutung hat ein Wort). Zudem wird die Anzahl der gespeicherten Wörter beschrieben, die verstanden und produziert werden (*Lexikon*).

Die semantische Entwicklung beginnt ab dem Zeitpunkt, zu dem das Kind Lautfolgen im Sprachstrom wiedererkennt (Menyuk 2000). Der Wortschatzerwerb in den ersten Lebensjahren ist ein mehrdimensionaler Prozess. Neben der Fähigkeit der Kognition und der Kommunikation spielen die Persönlichkeit des Kindes sowie das Wortschatzangebot aus der Umgebung eine große Rolle (Szagun et al. 2006). Die ersten Wörter werden vom Kind etwa im Alter zwischen acht bis zehn Monaten verstanden (Hollich et al. 2000). Die anfänglichen kindlichen Wortproduktionen beziehen sich auf Wörter, die meist in einem bestimmten Kontext verwendet und als Protowörter bezeichnet werden (Kauschke 2000), z. B. *Wawa* für *Hund*. Die ersten kontextunabhängigen Wörter werden um den ersten Geburtstag herum ausgesprochen (Menyuk 2000; Kauschke 2000; Grimm 2003).

Der anfänglich verfügbare Wortschatz bezieht sich auf Personen, Objekte und Aktivitäten aus der direkten Umgebung des Kindes (Clark 1993) und damit auf alles, was „konkret, hörbar, sichtbar, greifbar und manipulierbar" ist (Wode 1988, 146). Die Kinder beginnen zu übergeneralisieren, indem sie zum Beispiel alle älteren Männer mit Bart als Opa ansprechen. Auch eine Überdiskriminierung findet statt. So wird ausschließlich der Nachbarshund als Hund bezeichnet. Zudem tendieren die Kinder gerne zu Wortneuschöpfungen. Da wird aus einem Straßenfeger schnell mal der Saubermacher (Rupp 2013).

Der zu Beginn sehr langsam verlaufende Erwerbsprozess wird ab dem Erreichen von 50 aktiv gebrauchten Wörtern schneller. Diesen Meilenstein erreichen Kinder etwa im Alter von 18 Monaten, wobei individuell von starken Schwankungen auszugehen ist. Während der Phase des schnellen Wortschatzwachstums erwerben Kinder innerhalb kurzer Zeit viele neue Wörter, nämlich etwa zehn pro Tag (Kannengieser 2009). Der Verlauf des schnellen Wortschatzzuwachses kann jedoch unterschiedlich ausgeprägt sein. Auf einen rasanten Anstieg neuer Wörter in kurzer Zeit kann ein anschließendes Plateau ohne neue erworbene Wörter folgen. Aber auch ein kontinuierlich zunehmender Wortschatz ist möglich (Rupp 2013).

Mit dem wachsenden Wortschatz erwirbt das Kind Inhaltswörter in Form von Nomen, Verben und Adjektiven sowie Funktionswörter wie Artikel, Präpositionen, Pronomen oder Konjunktionen. Die Funktionswörter sind für den Einstieg in die Grammatik und die weitere grammatische Entwicklung ganz entscheidend.

Tabelle 3 gibt einen Überblick über die Phasen des Wortartenerwerbs mit Beispielen (modifiziert und erweitert nach Kauschke 2010; Rupp 2013).

Kinder verstehen anfänglich viel mehr Wörter, als sie selbst aktiv produzieren können (Sachse 2005). Die ersten Wörter werden nach acht Monaten verstanden. Im Alter zwischen 12 und 16 Monaten sind es bereits 100 bis 150 Wörter. Dieser passive Wortschatz wächst bis zum 20. Lebensmonat auf 200 Wörter an. 50 davon werden auch aktiv verwendet (Rupp 2013). Bis zum dritten Lebensjahr erreicht der passive Wortschatz ca. 800-1.000 Wörter (Rothweiler/Kauschke 2007). Selbstverständlich schwanken die quantitativen Angaben zum Wortschatz je nach Individuum stark.

Tab. 3: Alterskorrelierte Wortartenverteilung

Phasen	Wortschatz	Beispiele
I 1;0-1;6 Jahre	– personal-soziale Wörter – relationale Wörter – Vorläufer der Verben (Partikel) – Lautmalereien und erste Nomen	*hallo, ja, nein, bitte* *auf, auch, weg* *rein, raus* *Wauwau, Ball, Auto,*
II 1;7-2;5 Jahre	– Zuwachs Nomen, Verben – Anteil der personal-sozialen Wörter und Lautmalereien nimmt ab	*Tisch, Ente, essen, trinken, malen*
III 2;6-3;0 Jahre	– Ausdifferenzierung von Nomen, Verben, Adjektiv – Zunahme von Funktionswörtern (Einstieg in die Grammatik)	*Sonne – Mond, schneiden – schälen, gestreift – gepunktet* *der/die/das, er/ihr/sein, wenn/weil/dass*
IV ab 3 Jahren	– ausgewogene, zielsprachliche Zusammensetzung des Lexikons	

Phonetisch-phonologische Ebene

Die *Phonetik* beschäftigt sich mit der Beschreibung der Laute und Lautbildung. Die *Phonologie* hingegen, wie Laute in einer Sprache verwendet werden. Zum Beispiel haben die Laute /k/und /t/im Deutschen eine bedeutungsunterscheidende Funktion (*Tanne* vs. *Kanne*).

In der Entwicklung der Lautbildung durchlaufen Kinder die ersten sieben bis acht Wochen ab der Geburt eine Phase des Schreiens und Gurrens. Danach folgt bis zum siebten Monat die erste Lallphase, an die sich bis zum zwölften Monat eine zweite Lallphase anschließt. In dieser Zeit werden auch die Laute und Lautkombinationen der Erstsprache von vorne nach hinten erworben. Laute wie /m/oder /f/, die mit Lippen und Zähnen gebildet werden, kommen vor Lauten wie /k/oder /ch/, die mit dem Zungenrücken und dem Gaumen gebildet werden (Jakobson 1941). Das Deutsche umfasst 20 Konsonanten, die in relativ fester Abfolge (Tabelle 4) erworben werden (modifiziert nach Weinreich/Zehner 2011, 25).

Neben der korrekten Bildung spielt das Erkennen der Funktion des Lautes in der Zielsprache eine Rolle. Spracherwerbende Kinder vereinfachen Wörter, solange sie in ihrem Lauterwerb noch nicht über alle Laute verfügen. So werden /kinder/als /tinder/realisiert, da das Kind den Laut /k/noch nicht erworben

Tab. 4: Lauterwerbsreihenfolge des Deutschen

Alter	Einzelkonsonanten	Mehrfachkonsonanten
1;6–1;11	/m/, /d/	
2;0–2;5	/b/, /p/, /n/	
2;6–2;11	/w/, /f/, /l/, /t/, /ch1/, /k/, /h/	
3;0–3;5	/j/, /ng/, /r/, /g/	/pf/, /fr/, /kl/
3;6–3;11		/bl/, /br/, /fl/, /gl/, /gr/
4;0–4;5	/ch2/	/dr/, /tr/, /kr/, /kn/, /kv/, /schl/, /schm/, /schn/, /schr/, /sp/, /schv/, /st/
4;6–4;11	/sch/	/spr/, /str/
bis 6;0	/s/, /z/	

bzw. dessen Funktion noch nicht erkannt hat. Diese Vereinfachungsprozesse nennt man **phonologische Prozesse** (Fox 2003; Jahn 2007). Einige dieser Vereinfachungsprozesse sind in Tabelle 5 aufgezeigt.

Die Fähigkeiten der korrekten Lautbildung sowie der korrekten Lautverbindungen werden bis zum Alter von fünf Jahren erworben. Einzig die Laute /s/ und /z/ können bis zum sechsten Lebensjahr noch fehlerhaft realisiert werden (Weinrich/Zehner 2011).

Tab. 5: Häufig vorkommende Vereinfachungsprozesse

Altersangabe	Phonologischer Prozess	Beispiel
bis 2;6 Jahre	Auslassung auslautender Konsonanten	/mai/ statt /mein/
bis 3;0 Jahre	Vorverlagerung	/tamm/ statt /kamm/
bis 3;6 Jahre	Auslassung unbetonter Silben	/dil/ statt /krokodil
bis 4;0 Jahre	Lautangleichung /tr/ zu /kr/ (/t/ wird zu /k/ verändert, weil /k/ und /r/ beide am hinteren Gaumen gebildet werden)	/kraum/ statt /traum/
bis 4;6 Jahre	Reduktion von Mehrfachkonsonanz (Wortanfang und Wortende)	/bif/ statt /brief/ /strump/ statt /strumpf/

Morphologisch-syntaktische Ebene

Die morphologisch-syntaktische Betrachtungsebene beschreibt die grammatischen Regeln einer Sprache. Diese umfassen den Satzbau (*Syntax*: wo stehen die einzelnen Wörter im Satz) und die Beugung der Wörter (*Morphologie*: wie werden die Wörter abgewandelt, wenn sie sich aufeinander beziehen, z. B. *mit groß***en** *Schritt***en***)*.

Satzbildung (Syntax)

Der deutsche Satz charakterisiert sich durch zwei Fixpunkte, an denen das Verb steht. In einfachen Sätzen wie *Ich* **esse** *eine Banane* steht das abgewandelte Verb immer an der zweiten Stelle (Verbzweitstellung), während im Nebensatz das abgewandelte Verb immer an der letzten Stelle steht (Verbendstellung). Zum Beispiel: *Ich esse eine Banane, wenn ich Hunger* **habe**.

Wortbildung (Morphologie)

Im Deutschen gibt es eine Übereinstimmung von Subjekt und Verb. Das Verb wird abhängig vom Subjekt abgewandelt: *ich male, du malst, er malt, wir malen*. Zur Markierung der vier Fälle wird im Deutschen vorwiegend der Artikel gebeugt: *der Hund – des Hundes – dem Hund – den Hund oder die Katze – der Katze – der Katze – die Katze*. Die Mehrzahlbildung beruht im Deutschen auf neun unterschiedlichen Bildungsmöglichkeiten. Meist werden Endungen angehängt: *Auto-s, Schaf-e, Blume-n, Kind-er, Frau-en*. Möglich ist auch eine Vokaländerung im Wort, teilweise mit zusätzlicher Endung: *Kästen, Häus-er, Köch-e*. Bei einigen Wörtern sind Einzahl und Mehrzahl gleich.

Die komplexen grammatischen Regeln werden von Kindern in einer bestimmten Abfolge erworben und nach und nach gefestigt. Dabei lassen sich früher und später erworbene grammatische Regeln unterscheiden (Clahsen 1986). In Tabelle 6 sind die frühen und späten grammatischen Regeln wie auch die Erwerbsverläufe innerhalb des jeweiligen grammatischen Teilbereichs altersbezogen aufgezeigt.

Im Alter von zwei Jahren beginnen die Kinder mehrere Wörter aneinanderzureihen. Zu diesem Zeitpunkt beginnt die grammatische Entwicklung, wobei weniger das Alter, sondern vielmehr der bereits erworbene aktive Wortschatz entscheidend ist. Zum Einstieg in die Grammatik sind 200 bis 300 Wörter notwendig (Kannengieser 2009). Bis zum Alter von 2;6 Jahren werden die beiden Regeln

Tab. 6: Überblick über den Grammatikerwerb im Deutschen

Frühe grammatische Regeln (Alter: 1;6-2;6)	
Verbzweitstellungsregel	Das abgewandelte Verb wird in unterschiedlichen einfachen Sätzen immer an der zweiten Stelle realisiert: Ich **esse** eine Banane. Er **hat** Milch getrunken. Was **isst** du? Wer hat die Banane gegessen? Brot **esse** ich. Morgen **esse** ich eine Banane.
Subjekt-Verb-Kongruenz-Regeln	Subjekt und Verb werden aneinander angepasst: ich mal**e** – du mal**st** – er/sie mal**t** wir male**n** – ihr mal**t** – sie mal**en** Erwerbsabfolge (Clahsen 1986; Bittner 2000): malen (Infinitiv) – er/sie malt – ich male – wir malen – du malst
Späte grammatische Regeln (Alter: ab 2;6)	
Verbendstellungsregel	Haupt- und Nebensätze (komplexe Sätze) werden realisiert, wobei das abgewandelte Verb im Nebensatz an der letzten Stelle steht. Tendenzen der Erwerbsabfolge der Nebensatzeinleiter (Rothweiler 1993; Kauschke et al. 2012): Phase 1: wenn, weil, bis, damit, ob, als, w-Pronomen Phase 2: dass Phase 3: bevor, nachdem, als Phase 4: Relativpronomen (der, die, das)
Fallmarkierung (Kasus)	Die Fälle werden korrekt markiert: 1. Nominativ: der Hund die Katze das Schwein 2. Genitiv: des Hundes der Katze des Schweins 3. Dativ: dem Hund der Katze dem Schwein 4. Akkusativ: den Hund die Katze das Schwein Erwerbsabfolge (Clahsen 1988; Szagun et al. 2006): Nominativ – Akkusativ – Dativ – Genitiv
Mehrzahlbildung (Plural)	Die Plurale werden korrekt gebildet. Die einzelnen Pluralbildungen werden in folgender Reihenfolge erworben (Laaha et al. 2006; Kauschke et al. 2011): Endung –n (Blume-n), Endung –e (Fisch-e), keine Endung (Löffel), Umlaut und Endung –e (Köch-e), Endung –s (Auto-s), Endung –er (Kind-er), Umlaut (Kästen)

Verbzweitstellung und Subjekt-Verb-Kongruenz gefestigt (Clahsen 1986). Voraussetzung für die Verbzweitstellungsregel sind Dreiwortäußerungen wie *Papa fährt Fahrrad*. Dem Kind gelingt es zunehmend, das Verb an die zweite Satzposition zu setzen und unterschiedliche einfache Sätze zu produzieren. Es kann Haupt- und Fragesätze oder Sätze mit Zeitmarkierung bilden. Die korrekte Zeitmarkierung wie in *Ich habe ein Eis gegessen* mit dem gebeugten Verb an der zweiten Satzposition und dem anderen am Ende stellt einen wichtigen Meilenstein im Erwerb dar. Die Übereinstimmung von Subjekt und Verb erfolgt in der Erwerbsabfolge von dritter Person (*er malt*), erster Person (*ich male*), dritter Person Mehrzahl (*wir malen*) und zweiter Person (*du malst*) (Clahsen 1986; Bittner 2000). Die grammatische Beugung des Verbes in der ersten Person erfolgt dann, wenn das Kind sich selbst als „ich" bezeichnen kann. Mit der korrekten Markierung der zweiten Person gilt die Subjekt-Verb-Übereinstimmung als erworben (Clahsen 1986; Motsch 2010).

Durch die Wortschatzerweiterung und die Zunahme von Funktionswörtern, wie beispielsweise bestimmte Artikel, erfolgt eine weitere differenziertere Grammatikentwicklung. Bis zum Alter von 42 Monaten gelten laut Clahsen (1986) die späteren grammatischen Regeln als erworben und gefestigt.

Meilensteine der Grammatikentwicklung sind neben den beiden frühen grammatischen Regeln die Produktion von Nebensätzen mit dem gebeugten Verb am Ende, die Markierung des Falles und die Pluralbildung. Hier gilt ein besonderes Augenmerk dem dritten Fall. Die beiden letztgenannten Regeln können aufgrund ihrer Komplexität im Erwerbsverlauf über das vierte Lebensjahr hinausgehen.

Pragmatisch-kommunikative Ebene

Was kann ich mit meiner sprachlichen Äußerung bewirken? Die pragmatisch-kommunikative Ebene beschreibt die handlungsbezogene Betrachtung von Sprache und umfasst die Fähigkeit, die festgelegten Regeln der Kommunikation der Sprechergemeinschaft einzuhalten. Diese sind beispielsweise der Blickkontakt oder der Sprecherwechsel in Dialogen. Kinder erlernen diese kommunikativen Regeln in den ersten Lebensjahren.

Kommunikation zwischen Bezugsperson und Neugeborenem findet bereits von Geburt an statt, wobei das Kind noch nicht über kommunikative Fähigkeiten verfügt, sondern diese im Austausch mit einem Gegenüber lernt (Kannengieser 2009). Die erste kommunikative Fähigkeit ist der Sprecherwechsel (*Turn Taking*), der sich während des Lallens in Interaktion mit der Bezugsperson entwickelt und als Vorläufer der Dialogfähigkeit zu werten ist. Das Neugeborene lallt und die Bezugsperson reagiert passend darauf.

Ab dem vierten Lebensmonat beginnen Neugeborenes und Bezugsperson gemeinsam die Aufmerksamkeit auf ein äußeres Ereignis zu richten. Sie schauen beispielsweise beide zu einem auf dem Boden liegenden Ball. Da nun eine

Dreiecksbeziehung zwischen Bezugsperson, Neugeborenem und Gegenstand entsteht, wird von der Fähigkeit des Triangulierens gesprochen (Zollinger 2004). Die Bezugsperson richtet dabei die Aufmerksamkeit gemeinsam mit dem Kind auf den Ball. Durch die Benennung des Balls und das gleichzeitige Zeigen auf den Ball kann das Kind nun beginnen, den Zusammenhang zwischen der Lautfolge /b-a-l/ und dem Objekt herzustellen. Ab dem achten Lebensmonat beginnt das Kind selbst auf unterschiedliche Objekte zu zeigen und die eigene Zeigegeste mit Blickkontakt in Verbindung zu bringen (Meibauer 2001). Im Alter von etwa einem Jahr kann das Kind einfache Aufforderungen – z. B. *hol den Ball* – korrekt umsetzen und auf erste Fragen angemessen reagieren. Da das Kind aber noch nicht fähig ist, komplexe grammatische Strukturen zu entschlüsseln, versteht es anfänglich nur einzelne Wörter der Aufforderung (sog. *Schlüsselwortprinzip,* Zollinger 2004). Die Mutter bittet das Kind beispielsweise den Ball auf den Tisch zu legen. Das Kind versteht die beiden Wörter *Ball* und *Tisch*, aber nicht die Präposition *auf*. Aufgrund seines Weltwissens kann es den Auftrag jedoch korrekt umsetzen. Aufforderungen seitens des Kindes werden durch die Sprachmelodie (Intonation) markiert, wie beim Rufen von *Mama*. Die Kinder drücken sich in diesem Alter meist durch Körpersprache aus, z. B. durch Zeigen.

Im Alter von zwei Jahren gelingt es den Kindern zunehmend, Bitten sprachlich zu äußern (Zollinger 2004). Die Verwendung des Wortes *Nein* hilft dem Kind sich abzugrenzen und macht die Zweckhaftigkeit der Sprache ersichtlich (Kannengieser 2009). Die kindlichen Äußerungen sind anfänglich kein Dialog zwischen Bezugsperson und Kind, sondern durch einen kindlichen Monolog gekennzeichnet.

Im Alter von drei Jahren gelingt es dem Kind bereits, ein Gespräch zu eröffnen, indem es beispielsweise gezielt eine Frage stellt. Eine angemessene Reaktion auf Fragen und ein korrekter Sprecherwechsel sind nun möglich. Das Kind kann schon erste Erlebnisse erzählen, um Hilfe bitten, Fragen stellen sowie Zustimmung oder Widerspruch äußern (Kannengieser 2009). Es gelingt dem Kind ab dem dritten Lebensjahr auch, in die Zuhörerrolle zu wechseln (z. B. beim Betrachten eines Bilderbuches oder beim Erzählen einer Geschichte, Meibauer 2001). Mit dem vierten Lebensjahr kann es unabhängig von der gegenwärtigen Situation und Handlung kommunizieren (Andresen 2005). Das Kind kann nun über eine vergangene Situation erzählen. Die Fähigkeit, selbst Geschichten zu erzählen, entwickelt sich ab dem vierten Lebensjahr bis ins Schulalter (Meibauer 2001). Im Schulalter erwerben Kinder zudem die empathische Gesprächsführung. Das heißt, sie können sich in einen anderen Menschen hineinversetzen (Kannengieser 2009) und sind fähig, Ironie und Witz zu verstehen.

Tabelle 7 fasst die Meilensteine der pragmatisch-kommunikativen Ebene zusammen.

Tab. 7: Meilensteine der pragmatisch-kommunikativen Entwicklung

Alter	Entwicklungsbereich	Erläuterung
1. Lj	– Sprecherwechsel (Turn Taking) – Triangulieren – Zeigegesten	Dialog während des Lallens zwischen dem Neugeborenen und der Bezugsperson Dreiecksbeziehung zwischen Kind, Bezugsperson und Objekt Kind verweist auf etwas, indem es darauf zeigt und mit Blick in Verbindung bringt.
2. Lj	– Zuhörerrolle – Äußerung von Bitten	Kind kann einfache Aufforderungen korrekt ausführen.
3. Lj	– Gesprächseröffnung – Gezieltes Nachfragen – Ereignisse erzählen – um Hilfe bitten – Zustimmung erteilen – Widerspruch erteilen	Kind kann gezielt ein Gespräch beginnen. Bei Unklarheiten fragt das Kind nach. Das Kind erzählt von Erlebnissen. Bei Wunsch nach Hilfe fragt das Kind. Das Kind stimmt etwas zu. Das Kind widerspricht.
4. Lj	Kommunikation unabhängig von Situation und Handlung	Kind kann über vergangene oder zukünftige Ereignisse berichten.
5.–6. Lj	Verbesserung der Erzählfähigkeit	Dem Kind gelingt es zunehmend besser, Ereignisse zu erzählen.
Schulalter	Empathische Gesprächsführung Verständnis von Ironie und Witz	Das Kind kann sich in einen anderen Menschen hineinversetzen. Sprachliche Mehrdeutigkeiten oder inhaltliches Abweichen werden zunehmend verstanden.

2.2 Sprachbeobachtung

Die Beobachtungen zum Spracherwerb eines Kindes können mit den Erwerbsphasen abgeglichen werden (Tabellarische Übersicht „Meilensteine des Spracherwerbs“ im Online-Material).
Bei nicht altersentsprechendem Erwerb sollte in den entsprechenden Bereichen eine tiefer gehende Diagnostik, ggf. mit standardisierten Verfahren erfolgen. In Absprache mit den Eltern des Kindes kann eine Fachkraft – Sprachheiltherapeutin oder Logopädin – hinzugezogen werden.

Im Folgenden werden die Sprachebenen sowie die für den Spracherwerb relevanten Bereiche in der Reihenfolge, in der sie im Beobachtungsbogen erscheinen, thematisiert. Die Leitfragen werden jeweils aufgeführt und ggf. wird kurz

Ausgefülltes Beispiel des Beobachtungsbogens „Leitfragen zur Beschreibung von Sprachkompetenz“

Ausfüllbeispiel: Leitfragen zur Beschreibung von Sprachkompetenz

Kind: Manuel

Geschlecht: männlich **Alter:** 4;2 Jahre **Erstsprache:** deutsch **Datum:** 14.02.2012

Bemerkung: Manuel ist seit einem Jahr in logopädischer Therapie.

Beobachtungsbereiche	Beobachtungen und Beispiele	Mögliche Förderstrategien
Spielverhalten Wie und womit spielt das Kind? Spielt das Kind mit anderen Kindern oder lieber allein?	Manuel ist gerne in der Bauecke und in der Kuschelecke. Im Spiel mit anderen Kindern ist er zurückhaltend.	
Motorik Wie sind die Grobmotorik und die Feinmotorik des Kindes?	Die Grob- und Feinmotorik von Manuel sind sehr gut ausgebildet.	
Wahrnehmung Zeigen sich in Bezug auf die Wahrnehmung nennenswerte Beobachtungen (z.B. Unterscheidung von Farben)? Gibt es z.B. Auffälligkeiten bzgl. des Hör- und Sehvermögens?	keine Auffälligkeiten	
Sprachverständnis Wie reagiert das Kind auf einfache Aufforderungen (im Alter von 2–3 Jahren) bzw. auf komplexe Aufforderungen (im Alter von 3–4 Jahren)? Kann es das Gehörte umsetzen, braucht es unterstützende Gesten, orientiert es sich an anderen Kindern oder fragt es nach? Gibt es Situationen, in denen das Kind besser bzw. schlechter versteht? Wie lassen sich diese Situationen beschreiben?	Manuel reagiert sehr gut auf sprachliche Anweisungen. Er versteht diese und führt sie dementsprechend aus. In geräuschvoller Umgebung hat Manuel Schwierigkeiten, alles zu verstehen. Seine Konzentration ist in solchen Momenten noch schwächer als bei anderen Kindern.	
Wortschatz Wie signalisiert das Kind, dass es etwas haben möchte? Verwendet das Kind die korrekten Bezeichnungen oder zeigt es eher auf die Gegenstände? Vermeidet das Kind sprachliches Verhalten, indem es z.B. schweigt oder mit Floskeln reagiert (wie „Weiß nicht“)? Wenn ein Kind ein Wort nicht weiß, ersetzt es dieses durch ein anderes Wort? Welche „Ersatzwörter“ werden verwendet? Wie reagiert das Kind, wenn es die Bedeutung eines Wortes nicht verstanden hat? Fragt es nach? Wie reagiert das Kind, wenn es merkt, dass es etwas falsch gesagt hat? Korrigiert sich das Kind selbst oder übernimmt es Korrekturen von anderen Personen?	Zum Teil kann sich Manuel schon sehr gut ausdrücken und signalisiert dadurch deutlich, was er möchte. Fehlt ihm ein Wort, versucht er, es zu umschreiben oder zeigt auf den Gegenstand. Sein Wortschatz hat sich enorm vergrößert seit der Therapie. Manuel ist ein sehr aufgeschlossener Junge, der sehr viel wissen möchte und deshalb auch nachfragt, wenn er etwas nicht verstanden hat. Mit *upps* oder *oje momol* signalisiert Manuel, dass er ein falsches Wort verwendet hat und versucht, den Satz neu zu formulieren.	Wortschatzförderung: Anbieten, Erarbeiten und Vertiefen Alternativfragen Redirect

Beobachtungsbereiche	Beobachtungen und Beispiele	Mögliche Förderstrategien
Lautung Wie verständlich spricht das Kind? Welche Laute (u.a. /sch/, /r/, /s/, /k/, /g/, /ng/) bildet das Kind nicht richtig? Lässt das Kind Laute aus oder ersetzt es Laute durch andere („delb"/gelb, „drün"/grün)? Welche Laute werden durch andere ersetzt?	Manuel spricht sehr undeutlich. Manuel hat Probleme bei den Lauten /sch/, /r/ (/lot/ – *rot*, /Loboter/ – *Roboter*), /g/ – /d/ (/delb/ – *gelb*), /t/ – /k/ (/tumt/ – *kommt*, /Flasenteist/ – *Flaschengeist*).	Strategie der Verbesserung (korrektives Feedback) Alternativfragen
Grammatik Wie spricht das Kind über sich selbst (Ich-Form oder Name)? Wie verwendet das Kind Verben/Tätigkeitwörter (in gebeugter Form wie „Der Hund bellt" oder in der Grundform wie „Hund bellen")? Verwendet das Kind den Artikel vor dem Nomen/Hauptwort bzw. verwendet es den Artikel richtig? Wie bildet das Kind den Plural/die Mehrzahl? Kann das Kind den Dativ/dritten Fall richtig bilden (wie „dem Mann" oder „der Frau")? Verwendet das Kind den dritten Fall gemeinsam mit Präpositionen (wie „mit dem Hund")? Wenn das Kind den Dativ noch nicht richtig verwenden kann, wie ersetzt es den Dativ („er gibt den Mann den Ball")? Wie erzählt das Kind von Begebenheiten, die bereits vergangen sind, d.h. wie bildet es die Vergangenheit (wie „Ich bin mit dem Bus gefahren")? Bildet das Kind Nebensätze (wie „Ich esse gerne ein Eis, wenn die Sonne scheint")? Welche Art von Nebensätzen verwendet es (bitte Beispiele nennen)?	Manuel spricht in der Ich-Form. Das Verb steht an zweiter Stelle, wenn er einen Hauptsatz bildet. Meistens spricht er in Zwei- bis Drei-Wort-Sätzen. Er kennt die Artikel, verwendet sie aber selten. Präpositionen kennt Manuel, kann sie aber, wenn er spricht, nicht richtig einsetzen oder lässt sie ganz weg. Manuel kennt die Zeiten, kann sie selbst aber nicht richtig bilden. Mit Nebensätzen klappt es bei Manuel noch nicht.	Expansion (Erweiterung auf Satzebene) Ergänzungsfragen (*Mit wem?, Worauf?, ...*), Alternativfragen Strategie der Verbesserung (korrektives Feedback)
Kommunikation Hält das Kind die allgemeinen Kommunikationsregeln ein (u.a. Blickkontakt, Sprecherwechsel)? Wenn nein, was fällt auf? Wie kommuniziert das Kind mit anderen Kindern? Wie verhält sich das Kind bei Gruppengesprächen? Kann das Kind zuhören und/oder selbst eine passenden Beitrag ins Gespräch einbringen? Wie reagiert das Kind in schwierigen Situationen (u.a. Streit, Angst)? Hält sich das Kind sprachlich zurück oder kann es sich sprachlich äußern? Wie beteiligt sich das Kind an Rollenspielen (Spiel- und sprachliches Verhalten)?	Manuel hält sich in Kleingruppen gut an die Kommunikationsregeln. In der gesamten Gruppe fällt es ihm oft schwer, weil seine Konzentration nachlässt. Zum Teil ist er dann überfordert. Bei Gruppengesprächen ist Manuel meist sehr aufgeschlossen und interessiert dabei. Da er noch ein 4-jähriges Kind ist, sitzt er meistens neben einer Pädagogin, damit eine von uns ihn „auffängt", sobald seine Konzentration schwindet. In schwierigen Situationen sucht er sich Hilfe bei Erwachsenen, weil er weiß, dass er sich nicht so gut ausdrücken kann. Dies kann auch eine andere Mama im Flur sein. Hauptsache er kann sein Problem oder seine Frage stellen und erhält die notwendige Hilfe. Bis jetzt hat Manuel jegliche Rollenspiele vermieden. Einzelne Situationen gab es jedoch; dann spielte er beispielsweise den Hund. Ansonsten hält sich Manuel sehr viel in der Bauecke oder Kuschelecke auf.	Im Dialog sein: Sprechgelegenheiten geben Redirect Redirect

Beobachtungsbereiche	Beobachtungen und Beispiele	Mögliche Förderstrategien
Erzählkompetenz Wie berichtet das Kind von selbst Erlebtem? Erzählt es gern davon?	Manuel möchte im Morgenkreis viel und gerne erzählen. Jedoch fällt es den anderen Kindern nicht immer leicht, ihn zu verstehen.	Im Dialog sein
Ergreift das Kind selbst die Initiative, etwas zu erzählen oder muss es von einer anderen Person (anderes Kind oder Erwachsener) zum Erzählen aufgefordert werden?	Die Gruppe akzeptiert dies sehr gut. Er bekommt die Zeit, die er braucht, oder eine von uns übersetzt den Inhalt für die Gruppe.	Redirect
Erzählt das Kind gehörte/vorgelesene Geschichten nach? Wenn ja, wie gut nachvollziehbar sind die Erzählungen? Setzt sich das Kind aktiv mit Erzähltem/Vorgelesenem auseinander? Stellt es u.a. Fragen?	Manuel ist sehr interessiert und möchte viel wissen, daher unterbricht er ständig bei Geschichten. Unsere einfache Lösung: Er sitzt neben einer Pädagogin, die ihm mehr Informationen ins Ohr flüstert.	
Redefluss Wie lässt sich der Redefluss des Kindes beschreiben? Ist das Sprechen vorwiegend gut verständlich oder häufig überhastet (u.a. Auslassung von Wortteilen oder ganzen Wörtern)?	Manuel ist für die meisten Kinder und Erwachsenen nicht gut verständlich. Dies hält ihn aber nicht vom Sprechen ab. Er lässt einzelne Buchstaben aus oder ersetzt diese durch andere (/delb/ – *gelb*).	Strategie der Verbesserung (korrektives Feedback)
Ist eine stotternde Sprechweise zu beobachten? Wenn ja, wie zeigt sich das (u.a. „steckenbleiben", häufige Wiederholung einzelner Wörter)?	Vor allem spricht Manuel sehr viel über seine Familie; er stellt sie gerne vor. Besonders sein älterer Bruder bedeutet ihm viel.	Wortschatzförderung: Vertiefen Ergänzungsfragen mit Lebensweltbezug
Dialekt In welcher sprachlichen Varietät (Dialekt vs. Standarddeutsch/Schriftdeutsch) spricht das Kind am häufigsten?	Manuel spricht meistens im Dialekt. Er versteht aber auch Hochdeutsch. Er selbst spielt fast ausschließlich nur im Dialekt.	
Wenn das Kind häufiger Dialekt spricht, wie reagiert es, wenn es in Standarddeutsch angesprochen wird und umgekehrt? Antwortet das Kind in Standarddeutsch oder im Dialekt?	Bei der Therapie und bei der Sprachförderung im Kindergarten spricht er jedoch meistens Hochdeutsch.	
Wie spricht das Kind in Rollenspielen? Wechselt es manchmal spontan zwischen Dialekt und Standarddeutsch? Gibt es Situationen, in denen das Kind Standarddeutsch spricht? Wie lassen sich diese Situationen beschreiben?		

Beobachtungsbereiche	Beobachtungen und Beispiele	Mögliche Förderstrategien
Mehrsprachigkeit Welche Erstsprache bzw. Erstsprachen hat das Kind? Mit wem kommuniziert das Kind in welcher Sprache? Welche Sprache wird im Kindergarten vorwiegend von diesem Kind benutzt? Wie reagiert das mehrsprachig aufwachsende Kind, wenn es ein Wort in einer seiner Sprachen nicht kennt? Setzt es das entsprechende Wort aus der anderen Sprache ein?	Manuel spricht ausschließlich deutsch.	
Vorläuferfähigkeiten für den Schriftspracherwerb (im weiteren Sinne) Wie verhält sich das Kind beim Singen? Kann das Kind bei bekannten Liedern u.a. den Text mitsingen? Welches Rhythmusgefühl hat das Kind? Kann das Kind einen Rhythmus mitklatschen und/oder zur Musik im Takt hüpfen? Wie geht das Kind mit Reimen um? Bildet das Kind eigene Reime und/oder Unsinnsreime? Kennt das Kind Abzählreime und kann richtig abzählen, d.h. den Abzählreim aufsagen und im Sprachrhythmus auf die Kinder zeigen? Wie geht das Kind mit Schriftzeichen um? Interessiert sich das Kind für Schrift und/oder fragt nach, was z.B. in/auf einem Buch oder Plakat steht? Wie geht das Kind mit Bilderbüchern um? Interessiert sich das Kind für Bilderbücher und/oder tut das Kind so, als ob es liest oder schreibt?	Manuel versucht in allen sprachlichen Bereichen mitzumachen, doch meistens kann er dem Tempo nicht folgen. In 1:1-Situationen kann er die Texte mitsingen, nur in der Gruppe, wenn wir im richtigen Tempo singen, kann er nicht folgen. Bei Tischspielen hat er seinen eigenen Auszählreim, der für uns nicht ganz nachvollziehbar ist. Er ist interessiert an Bilderbüchern die mit Bauarbeiten, großen Fahrzeugen usw. zu tun haben. Die restlichen findet er *mumm* – (statt dumm), weil anscheinend nicht gearbeitet wird.	

Zusammenfassung und Beurteilung der sprachlichen Beobachtung

Für Manuel ist die Logopädie und die Sprachförderung im Kindergarten von großer Bedeutung. Es sind deutliche Fortschritte zu erkennen, obwohl es uns immer noch schwer fällt, ihn zu verstehen. Er bemüht sich sehr und hat die Sprechfreude nicht verloren.

Empfehlungen für weitere Abklärungen

Fortsetzung Logopädie im Blick behalten.

Abb. 2: Ausgefülltes Beispiel des Beobachtungsbogens „Leitfragen zur Beschreibung von Sprachkompetenz“

begründet, welche Beobachtungen relevant sind. Die Beobachtungen sollen von der frühpädagogischen Fachperson so ausführlich wie möglich dokumentiert und nach Möglichkeit mit Beispielen belegt werden (Abb. 2 und ausgefülltes Beispiel des Beobachtungsbogens „Leitfragen zur Beschreibung von Sprachkompetenz“ im Online-Material. Tipp: vor dem Lesen dieses Kapitels ausdrucken). Zunächst werden nur die Beobachtungen festgehalten, die Interpretation folgt im Anschluss.

Spielverhalten

- Wie und womit spielt das Kind?
- Spielt das Kind mit anderen Kindern oder lieber allein?

Besondere Vorlieben im Spiel können Hinweise darauf geben, was das Kind besonders gut kann, vernachlässigte Bereiche können auf Schwächen hindeuten (Vogt et al. 2014). Kinder, die eher allein spielen, haben weniger Möglichkeiten, mit anderen Kindern zu kommunizieren. Beim gemeinsamen Spiel kommt dem Rollenspiel eine besondere Bedeutung zu, weil Rollenspiele interaktiv sind und in Rollenspielen Fiktion erzeugt wird. Dabei setzen Kinder Sprache ein (Andresen 2005). Dass es sich nur um ein Spiel handelt, versprachlichen Kinder: *„nur im Spiel, nicht in echt“* (Andresen 2005, 93), sie können sogar die Zeit zurückdrehen: *das wär jetzt mal nicht gewesen*. Im Rollenspiel lernen Kinder auch, ihre Sprache der Rolle und der Situation anzupassen. Für die Themenwahl bei der Sprachförderung ist bedeutsam, wofür sich ein Kind besonders interessiert.

Motorik

- Wie ist die Grobmotorik und
- wie die Feinmotorik des Kindes?

Der Zusammenhang zwischen Motorik und Sprache lässt sich in der Praxis beobachten. Kinder mit Sprachstörungen zeigen z. B. Schwierigkeiten bei der Koordination von rhythmischem Sprechen / Singen und Bewegung. Sprachliche und motorische Auffälligkeiten treten häufig zusammen auf (Giel 2007). Abschließend geklärt ist der Zusammenhang allerdings noch nicht (Vogt et al. 2014). Die Mundmotorik ist bedeutsam für die Aussprache. Motorische Schwierigkeiten können die nonverbale Kommunikation in Form von Mimik und Gestik beeinträchtigen (Giel 2007).

Wahrnehmung

- Zeigen sich in Bezug auf die Wahrnehmung nennenswerte Beobachtungen (z.B. Unterscheidung von Farben)?
- Gibt es z.B. Auffälligkeiten bzgl. des Hör- und Sehvermögens?

Einem intakten Hörvermögen wird für einen unauffälligen Spracherwerb eine zentrale und bedeutende Rolle zugeschrieben. Hörstörungen, wie z.B. Mittelohrergüsse, sind dementsprechend als Risikofaktoren für Sprachauffälligkeiten einzustufen. Sehstörungen können ebenfalls zu Beeinträchtigungen des Spracherwerbs führen (Vogt et al. 2014). Hören und Sehen sind keine konstant bleibenden Fähigkeiten und können im Laufe der Entwicklung Veränderungen und Reifeprozessen unterworfen sein. Eine aufmerksame Beobachtung und gegebenenfalls ärztliche Abklärung ist bei Verdacht notwendig.

Sprachverständnis

- Wie reagiert das Kind auf einfache Aufforderungen (im Alter von 2–3 Jahren) bzw. auf komplexe Aufforderungen (im Alter von 3–4 Jahren)?
- Kann es das Gehörte umsetzen, braucht es unterstützende Gesten, orientiert es sich an anderen Kindern oder fragt es nach?
- Gibt es Situationen, in denen das Kind besser bzw. schlechter versteht? Wie lassen sich diese Situationen beschreiben?

Die Leitfragen verdeutlichen mögliche Reaktionen eines Kindes auf verbale Aufforderungen, die auf ein unzureichendes Sprachverständnis schließen lassen. Da das Sprachverständnis teilweise schwer einschätzbar ist, ist bei Verdacht einer Auffälligkeit eine fachliche Abklärung zu empfehlen.

Wortschatz

- Wie signalisiert das Kind, dass es etwas haben möchte? Verwendet das Kind die korrekten Bezeichnungen oder zeigt es eher auf die Gegenstände?
- Vermeidet das Kind sprachliches Verhalten, indem es z.B. schweigt oder mit Floskeln reagiert (wie „Weiß nicht“)?
- Wenn ein Kind ein Wort nicht weiß, ersetzt es dieses durch ein anderes Wort? Welche „Ersatzwörter“ werden verwendet?
- Wie reagiert das Kind, wenn es die Bedeutung eines Wortes nicht verstan-

den hat? Fragt es nach?
- Wie reagiert das Kind, wenn es merkt, dass es etwas falsch gesagt hat? Korrigiert sich das Kind selbst oder übernimmt es Korrekturen von anderen Personen?

Wie oben dargelegt, lassen sich Wortschatzschwierigkeiten nicht immer leicht erkennen. Die Leitfragen geben Anhaltspunkte für Verhaltensweisen eines Kindes, die auf Wortschatzschwierigkeiten hinweisen können.

Lautung

- Wie verständlich spricht das Kind?
- Welche Laute (u.a. /sch/, /r/, /s/, /k/, /g/, /ng/) bildet das Kind nicht richtig?
- Lässt das Kind Laute aus oder ersetzt es Laute durch andere („delb“/*gelb*, „drün“/*grün*)? Welche Laute werden durch andere ersetzt?

Bei der Beobachtung der Lautbildung sollte möglichst genau festgehalten werden, welche Laute (noch) nicht gebildet, falsch gebildet und durch andere ersetzt werden.

Grammatik

- Wie spricht das Kind über sich selbst (Ich-Form oder Name)?
- Wie verwendet das Kind Verben/Tätigkeitwörter (in gebeugter Form wie „Der Hund bellt“ oder in der Grundform wie „Hund bellen“)?
- Verwendet das Kind den Artikel vor dem Nomen/Hauptwort bzw. verwendet es den Artikel richtig?
- Wie bildet das Kind den Plural/die Mehrzahl? Kann das Kind den Dativ/dritten Fall richtig bilden (wie „dem Mann“ oder „der Frau“)?
- Verwendet das Kind den dritten Fall gemeinsam mit Präpositionen (wie „mit dem Hund“)? Wenn das Kind den Dativ noch nicht richtig verwenden kann, wie ersetzt es den Dativ („Er gibt den Mann den Ball“)?
- Wie erzählt das Kind von Begebenheiten, die bereits vergangen sind, d.h. wie bildet es die Vergangenheit (wie „Ich bin mit dem Bus gefahren“)?
- Bildet das Kind Nebensätze (wie „Ich esse gerne ein Eis, wenn die Sonne scheint“)? Welche Art von Nebensätzen verwendet es?

Die Leitfragen geben Beispiele grammatischer Phänomene, die Kindern mit Schwierigkeiten im Erwerb sowie mehrsprachigen Kindern häufig bzw. über lange Zeit Probleme bereiten.

Kommunikation

- Hält das Kind die allgemeinen Kommunikationsregeln ein (u.a. Blickkontakt, Sprecherwechsel)? Wenn nein, was fällt auf?
- Wie kommuniziert das Kind mit anderen Kindern?
- Wie verhält sich das Kind bei Gruppengesprächen? Kann das Kind zuhören und/oder selbst eine passenden Beitrag ins Gespräch einbringen?
- Wie reagiert das Kind in schwierigen Situationen (u.a. Streit, Angst)? Hält sich das Kind sprachlich zurück oder kann es sich sprachlich äußern?
- Wie beteiligt sich das Kind an Rollenspielen (Spiel- und sprachliches Verhalten)?

Auch an dieser Stelle geben die Leitfragen Anregungen, in welchen Situationen sich die kommunikative Kompetenz eines Kindes beobachten lässt und wie sie beschrieben werden kann.

Erzählkompetenz

- Wie berichtet das Kind von selbst Erlebtem? Erzählt es gern davon?
- Ergreift das Kind selbst die Initiative, etwas zu erzählen oder muss es von einer anderen Person zum Erzählen aufgefordert werden?
- Erzählt das Kind gehörte/vorgelesene Geschichten nach? Wenn ja, wie gut nachvollziehbar sind die Erzählungen?
- Setzt sich das Kind aktiv mit Erzähltem/Vorgelesenem auseinander? Stellt es u.a. Fragen?

Hier steht im Mittelpunkt, ob das Kind bereits selbstständig über Erlebtes erzählen kann, ob es Hilfe braucht und wie stark es ggf. beim Erzählen unterstützt werden muss.

Redefluss

- Wie lässt sich der Redefluss des Kindes beschreiben? Ist das Sprechen vorwiegend gut verständlich oder häufig überhastet (u.a. Auslassungen)?

- Ist eine stotternde Sprechweise zu beobachten? Wenn ja, wie zeigt sich das (u. a. „Steckenbleiben", häufige Wiederholung einzelner Wörter)?

Beim Spracherwerb müssen Kinder vieles gleichzeitig lernen (Wortbedeutungen, Satzbau etc.). Der Redefluss kann daher leicht gestört werden und das Kind stottert, korrigiert sich und fängt ein Wort oder einen Satz neu an. Solange ein Kind keine Anzeichen von Anstrengung oder Anspannung zeigt, liegen die Unflüssigkeiten im normalen Bereich. Auffällig ist allerdings, wenn Stottern über mehr als sechs Monate beobachtet wird (Singer 2011).

Dialekt

- In welcher sprachlichen Varietät (Dialekt vs. Standarddeutsch/Schriftdeutsch) spricht das Kind am häufigsten?
- Wenn das Kind häufiger Dialekt spricht, wie reagiert es, wenn es in Standarddeutsch angesprochen wird und umgekehrt? Antwortet das Kind in Standarddeutsch oder im Dialekt?
- Wie spricht das Kind in Rollenspielen? Wechselt es manchmal spontan zwischen Dialekt und Standarddeutsch?
- Gibt es Situationen, in denen das Kind Standarddeutsch spricht? Wie lassen sich diese Situationen beschreiben?

Kinder, die zunächst Dialekt oder eine dialektgeprägte Sprache erwerben, müssen spätestens mit dem Schriftspracherwerb lernen, worin die Unterschiede zwischen Dialekt und Standarddeutsch bestehen. In stark dialektgeprägten Regionen wie der Schweiz kommen Kinder mit der Standardsprache z. B. über die Medien in Berührung. Viele Kinder können bereits vor Schuleintritt vom Dialekt in die Standardsprache wechseln, wenn Gesprächspartner oder Situation es erfordern. Im Rollenspiel zeigt sich dies vielfach in den entsprechenden Rollen.

Mehrsprachigkeit

- Welche Erstsprache bzw. Erstsprachen hat das Kind?
- Mit wem kommuniziert das Kind in welcher Sprache?
- Welche Sprache wird im Kindergarten vorwiegend von diesem Kind benutzt?
- Wie reagiert das mehrsprachig aufwachsende Kind, wenn es ein Wort in einer seiner Sprachen nicht kennt? Setzt es das entsprechende Wort aus der anderen Sprache ein?

Hier geht es um die Frage, ob ein Kind mehrsprachig aufwächst und wie es die unterschiedlichen Sprachen verwendet.

Vorläuferfähigkeiten für den Schriftspracherwerb

- Wie verhält sich das Kind beim Singen? Kann das Kind bei bekannten Liedern u.a. den Text mitsingen?
- Welches Rhythmusgefühl hat das Kind? Kann das Kind einen Rhythmus mitklatschen und/oder zur Musik im Takt hüpfen?
- Wie geht das Kind mit Reimen um? Bildet das Kind eigene Reime und/oder Unsinnsreime? Kennt das Kind Abzählreime und kann richtig abzählen, d.h. den Abzählreim aufsagen und im Sprachrhythmus auf die Kinder zeigen?
- Wie geht das Kind mit Schriftzeichen um? Interessiert sich das Kind für Schrift und/oder fragt es nach, was z.B. in/auf einem Buch oder Plakat steht?
- Wie geht das Kind mit Bilderbüchern um? Interessiert sich das Kind für Bilderbücher und/oder tut das Kind so, als ob es liest oder schreibt?

Die Vorläuferfähigkeiten für den Schriftspracherwerb rücken für den vorschulischen Bereich mehr und mehr in den Fokus, zum Teil werden einschlägige Trainingsprogramme eingesetzt (Küspert/Schneider 2008). Die Leitfragen bieten Anhaltspunkte, an denen sich Vorläuferfähigkeiten erkennen lassen.

Zum Schluss erfolgt die *Zusammenfassung und Beurteilung der sprachlichen Beobachtung*. Hier wird die Sprachkompetenz in Relation zum Alter gesetzt und festgehalten, in welchen Bereichen die Kompetenzen nicht altersgemäß erworben sind. Daraus werden *Empfehlungen für weitere Abklärungen* abgeleitet. Die Strategien zur Sprachförderung werden in den folgenden Kapiteln erläutert. Im letzten Kapitel werden diese Strategien auf der Basis eines beispielhaft ausgefüllten Beobachtungsbogens noch einmal konkret auf ein Fallbeispiel bezogen.

3 Erste Strategie: Im Dialog mit Kindern

Von Franziska Vogt und Bea Zumwald

Eine frühpädagogische Fachperson liest einer Gruppe von vier Kindern vor. Im Bilderbuch kommen Tiere vor. Tim äußert sich.

BEISPIEL

Tim: Am Mittwoch, da hab ich einen toten Igel auf der Straße gesehen.

Die frühpädagogische Fachperson unterbricht die Bildbetrachtung und geht auf das Thema des Kindes ein.

Fachperson: Oooh. Hat man den überfahren? Wahrscheinlich, oder?

T: Leider.

FP: Ja manchmal sieht man hin und wieder ein Tierchen auf der Straße, überfahren.

Gelegenheiten für einen längeren Dialog ergeben sich in ganz verschiedenen Situationen im Alltag. Die frühpädagogische Fachperson reagiert in diesem Beispiel mitfühlend und erweitert das Gespräch um den Aspekt, dass das tote Tier auf der Straße vermutlich überfahren wurde. Sie führt das Gespräch zu diesem Thema weiter, indem sie von einem eigenen Erlebnis erzählt.

BEISPIEL

FP: Ja. Und weißt du, was ich heute Morgen gesehen habe?

T: Mhm.

FP: Einen Dachs. Weißt du, was ein Dachs ist?

T: Mhm.

FP: Der war auch überfahren. Das ist ein ganz großes Tier. *(zeigt mit den Händen die Größe des Tieres)* Da bin ich schon ein bisschen erschrocken, als der mitten auf der Straße lag.

Mit diesem Wortwechsel wird der Dialog weitergeführt und zudem ein spezielles Wort angeboten und erklärt. Innerhalb des Gesprächs geschieht somit auch Wortschatzförderung (Kap. 4). Der Dialog kann sich auf ein Kind konzentrieren, aber auch mehrere Kinder umfassen.

3.1 Im Dialog konkret

BEISPIEL

Lukas:	Ich hab einen Fuchs gesehen.
Fachperson:	Einen Fuchs habt ihr schon mal gesehen?
L:	Einen toten.
FP:	Au, hmmm.
Selina und Marie gleichzeitig:	Und, und ich hab schon mal einen gesehen, wo über die Straße gelaufen ist.
FP:	Echt? War es da hell am Tag oder war es da dunkel?
S und M:	Hell!
FP:	Normalerweise gehen die Füchse eher abends, weil es dann ein bisschen dämmert.
Tim:	Weil, weil da sind keine Jäger mehr da.

Die frühpädagogische Fachperson bringt ein weiteres Thema in den Dialog ein, das das vorher Gesagte erweitert. Sie erläutert, dass Tiere häufig in der Dämmerung unterwegs sind. Mit der Nachfrage *War es da hell am Tag oder dunkel?* stellt sie eine Stütze für die Antwort bereit. Diese Technik der Lernbegleitung wird mit dem Begriff *Scaffolding* (ein Gerüst geben) umschrieben (Collins et al. 1987; Gibbons / Hammond 2005).

Wie im Kapitel zu den sprachfördernden Fragen (Kap. 6) dargestellt ist, können offene Fragen, aber auch geschlossene Fragen wie hier die Alternativfrage *War es da hell oder dunkel?*, dem Kind ermöglichen, sich im Dialog einzubringen.

Gemeinsam geteiltes Denken

Beim Dialog geht es um ein gemeinsam geteiltes Denken. Der Begriff wurde in England geprägt als *Sustained Shared Thinking* (Siraj-Blatchford / Sylva 2004) und in Deutschland aufgenommen (Hopf 2012; König 2009). Im Beispiel wurden viele Gedanken gemeinsam entwickelt: dass tote Tiere am Straßenrand überfahren werden, dass es verschiedene Tiere im Wald gibt (*Igel, Dachs, Fuchs*), dass sie in der Dämmerung unterwegs sind. Die frühpädagogische Fachperson bringt weitere Informationen ein und bietet Erklärungen an (Though 1977). Aber auch die Kinder machen sich ihre Gedanken und äußern diese. So hat Tim eine ganz einleuchtende Erklärung parat, warum die Füchse lieber am Abend herumstreunen.

Für die Sprachförderung im Dialog genügt es nicht, Kinder nur erzählen zu lassen und ihren Redefluss zu bestätigen. Es geht darum, die Kinder zum Denken herauszufordern, Gedanken im Gespräch zu entwickeln, auf Erweiterungen einzugehen und Überlegungen anzustellen. Als wichtigste Merkmale für gute Dialoge gelten:

- Es ist ein längerer Dialog mit einem gemeinsamen Thema.
- Die Kinder erhalten die Gelegenheit, eigene Gedanken zu formulieren.
- Die Fachperson bringt ebenfalls Gedanken ein, sie vertieft oder erweitert das Thema.

Zum gemeinsamen geteilten Denken im Dialog mit den Kindern können zudem auch die folgenden Elemente gehören:

- „Laut denken“: Im Dialog kann die Fachkraft die eigenen Gedanken aussprechen und so ein Vorbild sein. Ihr Denkprozess wird für das Kind nachvollziehbar und es kann sich beteiligen. Im Dialog geschieht dann eine Art *Anlehre* im Denken, was mit dem Begriff *Cognitive Apprenticeship* (Collins et al. 1987) umschrieben wird.
- Die Fachperson gibt dialogisch eingesetzte Stützen, die den Kindern die Beteiligung am Gespräch erleichtern (*Scaffolding*). Diese Hilfen müssen jedoch wie ein Gerüst beim Bau eines Gebäudes weggelassen werden, wenn sie nicht mehr benötigt werden (Collins et al. 1987; Darsow et al. 2012).

Themen der Kinder aufnehmen

Beim Dialog steht ein Thema im Zentrum, welches weitergeführt wird. Hier besteht eine Art *didaktisches Dreieck* (Reusser 2008). Der Prozess bewegt sich im Dreieck zwischen Kind, Thema und frühpädagogischer Fachperson und in diesem Prozess ist die Interaktion das wesentliche didaktische Prinzip (König 2010). Den Fokus auf ein Thema und damit auf die inhaltsbezogene Förderung und weniger auf die sprachliche Form zu legen, ist auch bei Kindern wichtig, die Deutsch als Zweitsprache lernen (Darsow et al. 2012).

Die Förderung im Dialog nimmt Ansätze aus der Kindergartenpädagogik auf, die mehr lernwegorientiert als lehrgangsorientiert sind (Kammermeyer et al. 2012). Es geht darum, Interessen und Lebensweltbezüge im Alltag zu nutzen (Spitz-Güdden 2010). Ungeachtet der spezifischen pädagogischen Ausrichtung im Kindergarten lässt sich die Sprachförderstrategie des Dialogs im Alltag integrieren. Für eine hohe Qualität des Dialogs sind Interaktionen bedeutsam, die an der Lebenswelt und den Interessen der Kinder anknüpfen.

Die Kinder sollen eigene Gedanken einbringen und diese im Dialog mit der Fachperson weiter entwickeln. Dabei ist der gemeinsame gedankliche Weg entscheidend.

Der Dialog ist eine Gelegenheit für ko-konstruktives Lernen: *Ko-Konstruktion* bedeutet, dass Menschen ihr Wissen in einem aktiven Denkprozess im Austausch mit andern Menschen aufbauen. Für diese Strategie des Dialogs genügt es nicht, wenn die Fachkraft die Kinder im Sinne eines schulähnlichen Frage-Antwort-Spiels oder eines Lehrgesprächs nach Wissen fragt und den Kindern die richtigen Stichworte als Antworten entlocken will.

Damit dieser gemeinsame gedankliche Weg entstehen und das Kind eigenständig etwas beitragen kann, achtet die frühpädagogische Fachperson auf Themen, welche die Kinder interessieren. Das gemeinsam geteilte Denken dreht sich nicht um ein festgelegtes Curriculum, sondern um Themen aus dem Alltag, aus der Fantasie der Kinder und aus der Kinderkultur, also auch um *Lillifee, Cars und Minions*. Die Dialoge entstehen aus Momenten im Alltag. Als **Merksatz** formuliert: Ich nehme das Thema des Kindes wahr und trete mit ihm in einen längeren Dialog.

3.2 Weiterführende Fördervorschläge

Handlungen versprachlichen

BEISPIEL

Die frühpädagogische Fachperson sitzt mit Kaya und Gian am Boden. Sie spielen mit Tierfiguren. Kaya nimmt ein Schaf und stellt es auf den Rücken eines Löwen. Sie lacht und schaut die frühpädagogische Fachperson an.

Fachperson: Das ist aber ein mutiges Tier hier, das Schaf steigt gleich auf das große rauf.

Später nimmt Kaya noch ein Tier und stellt wiederum ein kleines auf ein großes. Die frühpädagogische Fachperson beobachtet die Handlung des Kindes und versprachlicht diese. Sie spricht in Worten aus, was das Kind spielerisch getan hat. *Handlungen versprachlichen* ist eine wesentliche Strategie, um in den Dialog zu treten (Though 1977). Kaya lernt Deutsch als Zweitsprache. Sie spricht noch nicht auf Deutsch, sondern zeigt auf die Tiere und spielt mit ihnen. Kaya freut sich, dass die frühpädagogische Fachperson ihr zusieht und kommentiert, was sie getan hat.

Beobachten und dem Kind Sprechgelegenheiten geben

Bevor die Fachperson auf Handlungen der Kinder reagiert, beobachtet sie nur und wartet einen geeigneten Moment ab, um die Themen der Kinder aufgreifen zu können. Kaya hat mit ihrem Blickkontakt, der Handlung und ihrem Lachen den Kontakt mit der frühpädagogischen Fachperson aufgenommen. Als eher schüchternes Kind, das zudem noch nicht spricht, geht sie selten aus eigenem Antrieb in Kontakt mit der Fachperson. Generell ist es sinnvoll, sehr zurückhaltende Kinder gezielt zu beobachten und auch über einen längeren Zeitraum hinweg besonders auf sie einzugehen.

Auch Gian lernt Deutsch als Zweitsprache. Die Fachperson beginnt einen Dialog mit ihm über gefährliche Tiere:

BEISPIEL

Fachperson: Und welches ist denn ein gefährliches Tier? (*wartet ab*) Welches Tier ist denn hier gefährlich? (*wartet ab, zeigt dann auf ein Tier*) Ist das gefährlich?

Gian: Ja

FP: Das ist gefährlich.

Gian (*hebt ein weiteres Tier, ein Nashorn, hoch*): Dieser da.

FP: Warum ist das gefährlich?

Gian rammt das Nashorn mit dem Horn voran in einen dort stehenden Plastikkübel hinein.

FP: Das Nashorn hat ein ganz gefährliches Horn, das Horn auf der Nase ist ganz spitz.

Die frühpädagogische Fachperson entwickelt auch mit Gian einen Dialog, bei dem es um gemeinsam geteiltes Denken geht. Sie schlägt ein Thema vor, indem sie ihn nach den gefährlichen Tieren fragt. Die frühpädagogische Fachperson stellt eine Frage und wartet die Reaktion des Kindes ab. Für die Sprachförderung im Dialog muss dem Kind genügend Zeit eingeräumt werden, damit es sich beteiligen kann. Die Reaktionen von Gian sind oft nicht verbaler Natur. Er drückt sich durch seine Handlungen aus. Er hebt beispielsweise das Tier hoch, rammt mit ihm den Kübel und verdeutlicht dadurch die Gefährlichkeit des Nashorns. Die frühpädagogische Fachperson versprachlicht Gians Aktionen. Sie kommentiert die Erläuterungen und Handlungen des Kindes (Though 1977).

Die frühpädagogische Fachperson kann nicht nur die Handlungen der Kinder in Worten sprachlich ausdrücken, sondern auch ihre eigenen.

BEISPIEL

Die frühpädagogische Fachperson nimmt eine Kuh und stellt sie zum Schaf, das bei Kaya steht.
Fachperson: Ich stelle die Kuh zum Schaf, das sind beides Bauernhof-Tiere.
Kaya nimmt eine weitere Kuh und stellt sie dazu.
FP: Da ist noch eine Kuh, die gehört auch zum Bauernhof.

Wie beim Beispiel mit den überfahrenen Tieren ist es auch in diesem Dialog sehr wichtig, dass die frühpädagogische Fachperson mit ihrer Aufmerksamkeit bei einem Kind bleibt. Sie nimmt die Gesten und Handlungen des Kindes wahr und zeigt dem Kind, dass sie es verstanden hat, indem sie seine Aktionen in Sprache fasst. Wenn es der frühpädagogischen Fachperson gelingt, einen längeren Dialog zu führen, hat das Kind ausreichend Gelegenheit, sich die angebotenen Wörter anzueignen. Denn die Worte werden in einem längeren Dialog vermehrt wiederholt, erweitert und in einen Zusammenhang gestellt (Kap. 4).

Dialog im gemeinsamen Spielen

Dialoge können auch in einem Rollenspiel stattfinden.

BEISPIEL

Die frühpädagogische Fachperson nimmt einen Hund und spielt, wie der Hund auf das Schaf von Kaya zugeht. Sie macht Schnüffelgeräusche.
Fachperson: Hallo, wer bist denn du?
Kaya lacht und stupst mit dem Schaf den Hund an der Nase.
FP (*macht Schnüffelgeräusche*): Ah, das ist ein Schaf. Hallo Schaf!
Gian nimmt einen Fuchs und stößt mit der Nase des Fuchses ebenfalls an die Nase des Hundes.
FP: Ah, hallo, hallo Fuchs!

Für Kinder, die Deutsch als Zweitsprache lernen, aber auch für Kinder zu Beginn des Spracherwerbs ist das Versprachlichen der Handlungen extrem wichtig. Als **Merksatz** ist darum formuliert: Ich nehme wahr, was das Kind macht, und versprachliche seine Handlung.

Geteilte Aufmerksamkeit

Der Dialog ist schon im Umgang mit Säuglingen zentral. Die Bezugspersonen führen Dialoge mit Säuglingen, indem sie ihre Lautsprache aufnehmen. Wechselseitig warten sie auf die Äußerungen und Handlungen des Kindes, tragen selbst etwas bei und geben dem Säugling wiederum die Möglichkeit zur Antwort. Sei es nonverbal, durch Mimik und Gesten oder mit Lauten und Sprache (Reimann 2009). Die Dialoge zwischen Bezugspersonen und Säuglingen sind von kulturell unterschiedlichen Vorstellungen geprägt. Zum Beispiel wird in manchen Kulturen der Blickkontakt oder der Körperkontakt stärker betont. Auch kann die Sprache häufiger für Diskussion, Meinungsäußerungen oder für Anweisungen eingesetzt werden (Borke et al. 2011; Keller 2011).

Wesentlich für die Entwicklung des Kleinkindes sind die Momente der geteilten Aufmerksamkeit (Best et al. 2011; Weitzmann/Greenberg 2008). Die Bezugsperson beobachtet das Kind, ist im Blickkontakt und nimmt wahr, wohin das Kind schaut. Indem sie der Aufmerksamkeit des Kindes folgt, kann sie versprachlichen, was sie dort sieht, und dies als Thema für einen Dialog aufnehmen. Dabei kann sie auch darauf zeigen (Weitzman/Greenberg 2008). Sprachförderung durch Dialoge im Alltag beruht auch auf der Sensibilität der Fachperson für das Kind bzw. auf der Responsivität der Fachperson für die Interessen und Bedürfnisse des Kindes (Gutknecht 2012).

Qualitätsmerkmal längere Dialoge

Für sprachförderliche Bedingungen des Aufwachsens in der Familie sind die Responsivität und die Prozessqualität wichtig. Diese beschreiben, wie die Interaktionen zwischen Bezugsperson und Kind gestaltet sind. Der Spracherwerb hängt mit der Responsivität der Mutter und des Vaters des Kindes zusammen, d. h. mit ihrer Bereitschaft auf die Äußerungen des Kindes einzugehen (Kiening 2011). Für die spätere Lesekompetenz ist die Prozessqualität der Interaktionen in der gesamten Familie wichtig. Zum Beispiel, ob vorgelesen und miteinander gesprochen wird. Zentral ist aber nicht nur dass, sondern auch wie miteinander gesprochen wird (McElvany et al. 2010). Für Kinder, die in belasteten Situationen aufwachsen und weniger Aufmerksamkeit und sprachliche Anregung in Gesprächen erhalten, ist die Förderung durch die frühpädagogischen Fachpersonen besonders wichtig. Inwieweit es gelingen kann, dass die frühe Förderung Benachteiligungen für den späteren Lebens- und Bildungsweg verringern kann, hängt auch von der Qualität der Förderung ab (Kuger et al. 2012). Ein englisches Forschungsteam konnte zeigen, dass der Besuch einer Einrichtung der frühkindlichen Bildung mit hoher pädagogischer Qualität bis zum Alter von elf Jahren einen positiven Effekt auf die Schulleistungen der Kinder hat (Sammons et al. 2007). Das Team untersuchte die pädagogische Praxis in den Einrichtungen, in denen die Kinder am meisten lernten. Dabei wurde die Technik des gemeinsam geteilten Denkens (*Sustained Shared Thinking*) als entscheidendes Qualitätsmerkmal identifiziert (Siraj-Blatchford / Sylva 2004).

Weitere Untersuchungen gingen dem gemeinsam geteilten Denken auch im deutschsprachigen Raum nach. Hopf (2012) zeigt, wie gemeinsam geteiltes Denken die naturwissenschaftliche Bildung im Kindergarten unterstützt. König (2009) beschreibt gelungene Dialoge in verschiedenen Bereichen des Kindergarten-Alltags. Während König (2009) längere Interaktionen ab drei Minuten untersucht hat und bei Hopf (2012) von sechsmaligen Wechseln im Sprechen ausgegangen wird, haben wir im Forschungsprojekt „Sprachförderung im Alltag" Dialoge ab vier Wechseln einbezogen. Unsere Beobachtungen zeigen, dass auch so kurze Dialoge eher selten sind. Häufig sagt die Fachperson nur kurz etwas zu einem Kind (z. B. eine Anweisung) und wendet sich dann bereits einem andern Kind zu. Oder sie ist mit einer Kindergruppe mit einer Aktivität beschäftigt, ein anderes Kind kommt mit einem Anliegen dazu und unterbricht den Dialog. Die Abläufe im Kindergarten müssen so strukturiert sein, dass die Kinder selbstständig spielen und verweilen können. Dadurch schafft sich die Fachperson Raum, damit sie mit Kindern längere Gespräche führen kann, wie sie für die Sprachförderung sehr bedeutsam sind.

4 Zweite Strategie: Schritt für Schritt den Wortschatz fördern

Von Nadine Itel und Andrea Haid

Ein großer Wortschatz ist eine wichtige Voraussetzung für schulischen Erfolg. Denn Kinder im Vorschulalter, die über einen kleinen Wortschatz verfügen, erzielen nach den ersten Schuljahren im Vergleich zu Schülern mit größerem Wortschatz deutlich schlechtere Leistungen (Dickinson / Porche 2011). Dies gilt insbesondere für Kinder aus sozioökonomisch benachteiligten Familien oder Kinder, die eine Zweitsprache erlernen, da sie häufig in einem sprachlich weniger anregenden Umfeld aufwachsen, was sich auf den Wortschatzumfang in beiden Sprachen auswirkt (Vasilyeva / Waterfall 2011). Hier können sich bereits nach den ersten Lebensjahren Unterschiede im Entwicklungsstand des Sprachverständnisses sowie des sprachlichen Ausdrucks zeigen (Hart / Risley 1995). Eine frühe Förderung der Lese- und Schreibfähigkeiten im Vorschulalter sowie ein umfangreiches Sprachangebot sind, insbesondere auch für diese Kinder, deshalb von enormer Bedeutung (Nickel 2014), um sie optimal auf die Schule vorzubereiten.

Bücher sind dabei geeignete Hilfsmittel. Sie bringen Kinder vermehrt mit Bildungssprache in Kontakt, die für das Verständnis abstrakterer Texte entscheidend ist. Zudem unterstützen Bücher den Zugang zu komplexeren Themen, die nicht im Alltag anzutreffen sind. Besonders die dialogische Bilderbuchbetrachtung, bei der Kinder mit einem breiten Sprachangebot in Kontakt kommen und zum Mitreden angeregt werden, hat sich als sehr wirksam erwiesen (Whitehurst et al. 1988).

Gespräche während des Spielens und alltäglich wiederkehrender Aktivitäten sind ebenfalls willkommene Anlässe, Wortschatzförderung zu praktizieren. Damit Kinder viele neue Wörter lernen können, muss das Wortschatzangebot reichhaltig und abwechslungsreich ausfallen (Torr / Scott 2006). Neben der Quantität des Angebots ist speziell für Kinder, die bereits über einen großen Wortschatz verfügen, die Qualität der Wortschatzerarbeitung entscheidend. Sie benötigen Wörter verschiedener Wortarten sowie fachspezifische, seltene Ausdrücke, um sich weiterzuentwickeln.

Wie der neue Wortschatz angeboten wird, ist für die Aufnahme, Verarbeitung und spätere Anwendung der Begriffe entscheidend. Dabei spielt die Art und Weise der sprachlichen Unterstützung durch die erwachsene Person eine tragende Rolle (Weizman / Snow 2001). Mehrere Strategien haben sich als wirksam erwiesen (Weitzman/Greenberg 2002; Wasik/Hindman 2011; Buschmann 2011; Whitehurst et al. 1988; Lever/Sénéchal 2011). Die Kenntnis dieser Strategien der gezielten Wortschatzförderung, die im Anschluss erläutert werden, erleichtert Frühpädagoginnen die Umsetzung im Alltag.

4.1 Wortschatzförderung konkret

Im Folgenden soll ein Beispiel aufzeigen, wie die Wortschatzförderung im Konkreten im Kindergartenalltag umgesetzt werden kann.

BEISPIEL

Ein Kind bringt eine Litschi zum Frühstück mit und zeigt sie stolz der Frühpädagogin. Die Frühpädagogin greift das Interesse des Kindes auf und beginnt ein Gespräch über die Frucht:

Frühpädagogin:

- Feine Litschi (*spricht betont*).
- Die Litschi sieht ganz lustig aus, habt ihr gesehen (*hält die Litschi hoch*)?
- Schaut mal hier: Die sehen wie Haare aus (*zeigt auf die Fasern auf der Schale*). Das sind Fasern.

Ein anderes Kind schaut sich die Litschi an und fragt, ob die Haare stechen. Die Frühpädagogin gibt ihr eine Litschi in die Hand und sagt, nachdem das Mädchen sie angefasst hat:

FP:

- Ist ganz weich, nicht wahr (*gibt die Litschi reihum*)?
- Die stechen nicht, die sind ganz weich.

Nun wird die Litschi rundherum gegeben. Alle Kinder dürfen die Frucht anfassen.

FP: Komm, jetzt schauen wir mal, was in der Litschi drin ist.

Die Kinder schauen zu, wie die Frühpädagogin die Litschi schält und den Samen herausholt. Ein Kind fragt, wo Litschis wachsen.

FP: Litschis wachsen auf Bäumen vor allem in Ländern, in denen es ganz warm ist.

Die Kinder dürfen ein Stück der Litschi probieren und die Frühpädagogin sagt:

FP: Mmh, die Litschi schmeckt süß (*macht ein Schmatzgeräusch*). Wer von euch hat zu Hause schon einmal Litschi gegessen?

„Wortschatzförderung im Alltag" sollte spontan und ungeplant ablaufen, wie aus dem Beispiel mit der Litschi-Frucht ersichtlich ist (Dialogbeispiel mit Zuordnung der Wortschatzförderstrategien im Online-Material).

Themen der Kinder werden in alltäglichen Situationen aufgegriffen und sprachlich angereichert, damit sie für die Kinder sprachförderlich sind. Bezogen auf den Wortschatz heißt das, dass je nach Spracherwerbsstand des Kindes Wörter so angeboten werden, dass sie das Kind entweder neu kennenlernt und sich den Bezug zur Bedeutung erschließen kann oder dass die Bedeutungen bekannter Wörter vertieft werden, um sie so im Wortschatz besser zu vernetzen (Klann-Delius 2008). Nach einigen Präsentationen können Kinder die Bedeutung eines neuen Wortes mit der Lautabfolge in Beziehung setzen, so dass sie dieses Wort verstehen (*rezeptiver Wortschatz*). Das bedeutet aber noch nicht, dass das Kind dieses Wort bereits selbst aktiv verwendet (*produktiver Wortschatz*). Ungefähr fünfzigmal muss ein Kind ein neues Wort hören, bevor es dieses aktiv benutzt (Apeltauer 2012). Dies zeigt die Wichtigkeit des wiederholenden Gebrauchs gleicher Wörter auf, damit sie langfristig in den produktiven Wortspeicher übergehen.

Kinder lernen neue Wörter in **drei Erwerbsphasen**. In der ersten Phase – **Phase des Anbietens** – lernt das Kind ein neues Wort kennen. Der individuelle sprachliche Entwicklungsstand des Kindes sowie die Berücksichtigung der unterschiedlichen Wortarten sind in dieser Phase grundlegend (z. B. Wahl des Wortes Litschi). In der zweiten Phase – **Phase des Erarbeitens** – lernt das Kind, was das gewählte Wort bedeutet. Hier geht es um Strategien, die das neue Wort mit Bedeutungsinhalt füllen (z. B. Erklärung der Merkmale einer Litschi). In der dritten Phase – **Phase des Festigens** – soll das Wort längerfristig abgespeichert werden (z. B. durch mehrmalige Wiederholung des Wortes *Litschi*). Das Durchlaufen aller drei Phasen ist Bedingung für eine erfolgreiche Wortschatzerweiterung (Glück 2003; Siegmüller/Kauschke 2006).

Allerdings ist die Wortschatzförderung an dieser Stelle noch nicht abgeschlossen. Das Kind ist weiterhin darauf angewiesen, dass es möglichst viele Gelegenheiten bekommt, in denen es das neu gelernte Wort selbstständig verwenden kann. Dies ermöglicht den Übergang von der rezeptiven (Kind kennt das Wort) auf die produktive (Kind sagt das Wort) Ebene der Wortschatzerweiterung.

Die drei Erwerbsphasen werden nun im Folgenden anhand konkreter Strategien der Wortschatzförderung erläutert.

Phase 1: Anbieten

In der Phase des Anbietens (Tab. 8) werden die drei Strategien *Unterschiedliche Wortarten*, *Spezifische Begriffe* und *Wortpräsentation* unterschieden.

- **Unterschiedliche Wortarten:** Sprache bedient sich unterschiedlicher Wortarten, um Inhalte zu transportieren. Bei den bedeutungstragenden Inhaltswörtern (Nomen, Verben und Adjektive) ist es bedeutsam, neben Nomen auch viele Verben anzubieten. Verben ermöglichen es dem Kind, von der Einzelwort- auf die Satzebene zu wechseln. Sie sind das tragende Wort im Satz und bestimmen unter anderem, welche weiteren Satzelemente notwendig sind. Bei sprachkompetenteren Kindern kann der Fokus vermehrt auch auf Adjektive, Präpositionen oder Konjunktionen gelegt werden.
  In Bezug auf die Förderung der einzelnen Wortarten ist bei Kindern mit Deutsch als Zweitsprache das gleiche Vorgehen, wie bei Kindern im Erstspracherwerb oder mit einem verzögerten Spracherwerb zu empfehlen. Hier sollte ein besonderes Augenmerk auf Funktionswörter wie Artikel, Präpositionen oder Konjunktionen gelegt werden. Die Verwendung von Artikeln (*der, die, das*) und Präpositionen (*auf, unter, neben, durch*) unterscheidet sich in verschiedenen Sprachen (u.a. Türkisch) und kann für Kinder mit einer anderen Erstsprache als Deutsch eine große Schwierigkeit darstellen. Deshalb ist eine wiederholte und intensivierte Verwendung dieser Wortarten seitens der Frühpädagogin notwendig.

Tab. 8: Anbieten als erste Phase

	Einführung neuer Wörter	**Beispiel**
unterschiedliche Wortarten	– **Inhaltswörter** (bedeutungsstark): Nomen, Verben, Adjektive – **Funktionswörter** (bedeutungsschwach): Artikel, Präpositionen, Konjunktionen, Zahlwörter	*Litschi* ist ein Nomen.
spezifische Begriffe	– **häufig verwendete (hochfrequente)** Begriffe (Alltagswortschatz) – **selten verwendete (niederfrequente)** Begriffe (Fachbegriffe)	*Litschi* ist ein selten vorkommendes Wort.
Wortpräsentation	– betont – langsam und deutlich artikuliert – höhere Lautstärke	*Feine Litschi.*

- **Spezifische Wörter:** Der Wortschatzumfang von Kindern im Vorschulalter variiert individuell sehr stark. Diese Größe bedingt sich zum einen dadurch, wie viel zu Hause mit dem Kind gesprochen wird, aber auch durch einen Zweitspracherwerb, der bei den Kindern ganz unterschiedlich früh und intensiv einsetzt.
  Wortschatzförderung darf die ihrem Alter entsprechend kompetent sprechenden Kinder nicht ausschließen. Auch sie sollen von einem reichhaltigen Wortschatzinput profitieren und ihr Wissen erweitern. Dabei sind sie darauf angewiesen, „seltenere“ bzw. „spezifische“ Begriffe kennenzulernen, die auf ihrem bereits erworbenen und gefestigten Grundwortschatz aufbauen. Seltenere Wörter werden dabei als *niederfrequent* bezeichnet, wobei Fachbegriffe einen bekannten Begriff spezifizieren (z.B. *Litschi* anstatt *Frucht*, *schmeckt süß* anstatt *schmeckt gut*, *Fasern* anstatt *Haare*).
  Bei jüngeren oder fremdsprachigen Kindern ist es wichtig, den Schwerpunkt zuerst auf die Förderung alltäglicher und damit hochfrequenter Wörter zu setzen, damit sie in wiederkehrenden und vertrauten Situationen Wörter besser verstehen (z.B. Wörter wie *Schere, Stuhl, Apfel, Wasser, essen, spielen, heiß, groß*) und sich besser ausdrücken können.
- **Wortpräsentation:** Kinder werden auf ein neues Wort besonders aufmerksam, wenn dieses von der Frühpädagogin deutlich artikuliert, betont, langsam und eventuell mit leicht erhöhter Lautstärke angeboten wird (Weinert/Grimm 2012). Es sollte dem Kind möglich sein, die Lautstruktur des Wortes wahrzunehmen und Wortanfang und -ende aus dem Sprechfluss zu erkennen.

Phase 2: Erarbeiten

Die Phase der Worterarbeitung verfolgt das Ziel, dem Kind die Bedeutung des neuen Wortes zu vermitteln. In Tabelle 9 sind die drei dazugehörigen Strategien *Veranschaulichen, Mimik und Gestik* sowie *Merkmalsbeschreibung* zusammengefasst und mit einem Beispiel erläutert.

- **Veranschaulichen:** Die konkreteste Form der Worterarbeitung ist die Veranschaulichung. Dabei kann die Beziehung zwischen dem Objekt (Gegenstand, Bild etc.) und der Lautfolge von der Frühpädagogin durch das gleichzeitige Benennen und Zeigen hergestellt werden. Dies ist besonders zur Veranschaulichung von Nomen geeignet. Bei Verben hingegen empfiehlt es sich, die Handlung vorzuzeigen oder diese das Kind selbst durchführen zu lassen. Bei Adjektiven soll eine Eigenschaft (*weich, kalt, klein*) real vom Kind wahrge-

Tab. 9: Erarbeiten als zweite Phase

	Vermittlung der Bedeutung	**Beispiel**
Veranschaulichen	– zeigen (Gegenstand oder Bild) – vor- oder selber machen (Tätigkeiten) – spüren, wahrnehmen (Eigenschaften)	*Feine Litschi. Die sehen ganz lustig aus. Habt ihr gesehen?*
Mimik, Gestik	– Mimik (v.a. Gefühlsausdruck) – Gestik (so tun als ob)	*Die stechen nicht, sind ganz weich.*
Merkmalsbeschreibung	– Beschreibung von ausgewählten Merkmalen – Merkmale beziehen sich mehr oder weniger differenziert auf das Wort	*Und schaut mal hier. Das sind Fasern.*

nommen werden. Entscheidend dabei ist, dass das Kind den Zusammenhang zwischen dem Wort (Lautfolge) und dem außersprachlichen Bezug (Gegenstand, Handlung, Eigenschaft) herstellen kann. Bei abstrakteren Begriffen ist die Veranschaulichung schwieriger.

- **Mimik und Gestik:** Gestische und mimische Mittel werden von der Frühpädagogin eingesetzt, um die Bedeutung eines neuen Wortes darzustellen, wenn die konkrete Veranschaulichung nicht möglich ist (z.B. stellt die Frühpädagogin mit den Fingern *weich* dar). Eine Tätigkeit wird durch eine *So-tun-als-ob*-Handlung gezeigt (z.B. schälen der Litschi). Auch die Form eines Gegenstands, Ortsbezeichnungen (*über, hinter* ...) oder Adjektive können mit Gestik verdeutlicht werden. Mimik spielt vor allem beim Ausdruck von Gefühlen eine Rolle (z.B. macht die Frühpädagogin ein Schmatzgeräusch, um zu verdeutlichen, dass die Litschi süß ist).
- **Merkmalsbeschreibung:** Die Merkmalsbeschreibung ist die abstrakteste Form der Worterarbeitung. Die Frühpädagogin beschreibt oder erklärt den neuen Begriff, indem Eigenschaften oder Merkmale besonders hervorgehoben werden (z.B. *Litschis wachsen auf Bäumen und die Fasern sind ganz weich*). Diese Merkmale stehen in engem Zusammenhang mit der Bedeutung des Wortes.

Phase 3: Festigen

Um ein Wort langfristig abzuspeichern, ist die Festigungsphase ganz entscheidend (Tab. 10). Darin werden die drei Strategien *Repetition*, *Vertiefen* und *Lebensweltbezug* unterschieden.

- **Repetition:** Die mehrmalige Wiederholung des neuen Wortes in der Präsentations- und Erarbeitungsphase dient der Festigung seiner Bedeutung. Zudem sollte das Wort möglichst oft in neuen Situationen angewendet werden, die zeitlich unterschiedlich lange auseinander liegen. Dadurch kann das Wort in verschiedenen Situationen erfahren und begriffen werden.
- **Vertiefen:** Damit ein neues Wort mit anderen Wörtern im Wortschatz besser vernetzt wird, muss es mit weiteren Informationen zum Bedeutungsinhalt angereichert werden (z.B. gibt die Frühpädagogin Zusatzinformationen zur Litschi, u.a. wo die Frucht wächst). Speziell Kinder, die bereits die Grundbedeutung des Zielwortes kennen, profitieren von dieser Strategie. Durch die Vertiefung und die Anreicherung des Wortinhaltes mit weiterem Wissen wird das Wortfeld ausgebaut.
- **Lebensweltbezug:** Eine weitere Strategie zur Festigung des neuen Wortes ist die Verknüpfung mit der Lebenswelt des Kindes. Die Kinder werden angeregt, ihre eigenen Erlebnisse und Erfahrungen mit dem neuen Begriff zu verbinden (z.B. fragt die Frühpädagogin, wer die Frucht schon einmal gegessen hat). Dies unterstützt die Vernetzung und dient der besseren Speicherung des Wortes.–

Tab. 10: Festigen als dritte Phase

	Festigung der Bedeutung	**Beispiel**
Repetition	– gehäufte Wiederholung des Zielwortes – wiederholte Verwendung des Wortes in unterschiedlichen Kontexten	*Feine Litschi. Die Litschis sehen ganz lustig aus. Habt ihr gesehen?*
Vertiefen	– Vermittlung zusätzlicher Information – Aktivierung der Vernetzung mit anderen Begriffen	*Komm, jetzt schauen wir mal, was in der Litschi drin ist. Litschis wachsen auf Bäumen vor allem in Ländern, in denen es ganz warm ist.*
Lebensweltbezug	– Aufgreifen der kindlichen Erfahrungswelt – Begriffe „begreifen“	*Wer von euch hat zu Hause schon einmal Litschis gegessen?*

4.2 Weiterführende Fördervorschläge

Das Beispiel Litschi hat gezeigt, wie eine sich spontan ergebende Situation optimal für die Wortschatzförderung genutzt werden kann. Selbstverständlich lässt sich dieses Beispiel auch auf andere Wörter übertragen. Um einen neuen Begriff langfristig abzuspeichern, sind ein abwechslungsreiches Situationsangebot und der Einbezug der kindlichen Erfahrungs- und Erlebniswelt ganz entscheidend. Für die Weiterführung der Thematik *Litschi* eignen sich zum Beispiel eine erneute Essenssituation, der Einsatz eines Buches oder eines anderen Bildmediums, aber auch die Integration des Themas Früchte ins Freispiel.

- **Bezug zum Essen:** Das Thema *Frucht* bietet sich an, um weitere Merkmale des neuen Begriffes auszuarbeiten. Bei der Litschi wurden bereits Merkmale der Schale besprochen. Die Frucht weist aber noch weitere Eigenschaften auf. Sie kann geschält werden und das unter der Schale erscheinende weiße, glänzende Fruchtfleisch und der im Inneren liegende Samen können angeschaut und besprochen werden. Die Merkmale von Schale, Fruchtfleisch und Samen können auch mit anderen Früchten verglichen werden. Zum Thema lassen sich zudem Adjektive, die den Geschmack oder das Aussehen beschreiben (*süß, saftig, weich, klebrig*), oder Verben, die auf Handlungen im Zusammenhang mit der Frucht Bezug nehmen (*schälen, schneiden, essen*), verwenden. Zur weiteren Vertiefung können die Kinder Litschi-Saft trinken oder von anderen Früchten getrocknete Stücke probieren. Dies ermöglicht es den Kindern, umfassende Wissens- und Merkmalsstrukturen der Begriffe aufzubauen.
- **Bezug zu Bildmedien:** Bildmedien (u.a. Bücher, Internet, Bildmaterial) stellen eine wertvolle Möglichkeit dar, um eingeführte Begriffe mit weiteren Informationen anzureichern. Beispielsweise kann verdeutlicht werden, in welchen Ländern die Früchte wachsen, wie sie wachsen oder wie sie geerntet werden. Möglicherweise führt dieser Vorgang im Gespräch mit den Kindern zu neuen Fragen, auf die eingegangen werden kann. Somit kommt den Bildmedien als Form der erweiterten Informationsvermittlung rund um das Themenfeld eine besondere Bedeutung zu.
- **Bezug zum Freispiel:** Werden Spielgegenstände zum Wortschatzthema in das Freispiel integriert, haben Kinder die Möglichkeit, die Wörter praktisch nebenbei und unbeobachtet zu verwenden. Der natürliche Umgang mit den Materialien und der Sprache steht im Vordergrund. Verschiedene Früchte, die als Thema während der Essenssituation aufgekommen sind, können im Spielbereich des Einkaufsladens hinzugefügt werden. Falls die Frühpädago-

gin sich ins Spiel einbringt, kann sie versuchen, die neuen Begriffe erneut einfließen zu lassen. Zum Beispiel indem sie vorschlägt, dass die Kinder für ihre Puppen einen Fruchtsalat zubereiten sollen oder indem die Kinder zum Einkaufen geschickt werden.

5 Dritte Strategie: Sprache modellieren

Von Cordula Löffler und Nadine Itel

Der dreijährige Niko betrachtet mit einer frühpädagogischen Fachperson ein Bilderbuch. Er ist begeistert von den Tieren und kommentiert: *Da, Löwe fresst ein Reh.*

Niko hat erkannt, was auf dem Bild passiert und teilt sich mit. Seine Aussage: *Da, Löwe fresst ein Reh* ist altersgemäß. Sie zeigt aber auch, dass Niko die Grammatik noch nicht vollständig erworben hat. Er vergisst den Artikel *der* vor dem Wort *Löwe*, sodass der Satz formal gesehen unvollständig ist. Niko weiß noch nicht, dass *fressen* ein unregelmäßiges Verb ist, und beugt (konjugiert) es daher falsch: Er sagt *fresst* statt *frisst*. Niko kennt ein Reh, kann aber nicht wissen, dass der Löwe in Afrika mit ziemlicher Sicherheit kein Reh, sondern eine Gazelle fängt. Die Fachperson möchte Niko weiter zum Sprechen motivieren, aber dennoch den Satz korrigieren. Wie soll sie reagieren?

Kinder lernen Sprache und ihre Regeln, indem sie viel Sprachinput bekommen, aber auch indem sie immer wieder eine Rückmeldung zu ihren eigenen Sprachproduktionen erhalten. Mit dem Verständnis des Spracherwerbs als einem sich stetig verändernden Prozess von Sprachwissen (Kap. 2) könnte die frühpädagogische Fachperson davon ausgehen, dass Niko eine Vorstellung von einem Reh, aber nicht von einer Gazelle hat. Deshalb verwendet er ein ihm bekanntes Wort und überträgt dieses auf ein ähnlich aussehendes Objekt (*Übergeneralisierung*). Außerdem ist ihm möglicherweise die Verwendung des Artikels noch zu wenig bewusst, sodass er diesen weglässt. Die frühpädagogische Fachperson kann Niko ein sprachliches Vorbild sein, indem sie den fehlenden Artikel ergänzt, die richtige Form des Verbs verwendet und inhaltlich korrigiert: *Oh ja, der Löwe frisst eine Gazelle. Das ist eine Gazelle, sie sieht ähnlich aus wie ein Reh.*

Durch ihre Korrekturen formt die Fachperson die Sprache des Kindes und lenkt sie in richtige Bahnen. Diese **Modellierungstechniken** sind spracherwerbsförderliche Verhaltensweisen der Erwachsenen. Sie orientieren sich an den frühen Eltern-Kind-Dialogen. Grimm (1985) hebt die entwicklungswirksame Rolle solcher Dialoge hervor. Forschungen zeigen, dass Eltern bei ihren Kindern etwa ab dem 24. Lebensmonat eine **lehrende Sprache** einsetzen, die als **Motherese** (übersetzt: „das Mutterische") bezeichnet wird (Weinert/Grimm 2012). Die Hauptmerkmale dieser lehrenden Sprache sind grammatische und inhaltliche Vervollständigungen der kindlichen Äußerungen, die auch Korrekturen beinhalten (Weinert/Grimm 2012; Jungmann 2007). In der Therapie ermöglicht das gezielte Modellieren, dass zu erwerbende sprachliche Zielstrukturen gehäuft präsentiert, heraus- und gegenübergestellt werden können (Motsch 2010).

Im frühen Alter der Kinder werden die Techniken der Modellierung von den Bezugspersonen meist intuitiv verwendet. Bei älteren Kindern mit sprachlichen Auffälligkeiten wird das von der erwachsenen Person angewendete Sprechverhalten oft direktiver eingesetzt (Buschmann/Jooss 2011). Es werden mehr Anweisungen gegeben als Fragen gestellt, weniger sprachmodellierende Mittel verwendet und vermehrt zum korrekten Nachsprechen aufgefordert. Dies hat zur Folge, dass diese Kinder mit der Zeit die Freude am Sprechen verlieren und sie weniger von sprachlichen Vorbildern lernen können.

Direkte Korrekturen (z. B. *das heißt nicht gelauft, das heißt gelaufen*) verwenden zwar ein korrektes Modell, das durch Betonung auch noch hervorgehoben werden kann, sie können ein Kind aber entmutigen, weil sie einen Fehler kennzeichnen (Ritterfeld 2007). Dagegen enthält eine Modellierung immer eine positive Verstärkung. Die Bezugsperson hebt hervor, dass sie das Kind inhaltlich verstanden hat und wiederholt die Äußerung des Kindes. Zusätzlich korrigiert und erweitert sie diese Äußerung. Tracy (2008) bezeichnet Wiederholungen als eine Art Solidaritätsbekundung, die signalisiert, dass ein Inhalt beim Hörer angekommen ist. Modellierungstechniken erhalten die Freude der Kinder am Sprechen und liefern ihnen wichtige Hinweise zum Ausbau und zur Überprüfung der bereits erworbenen Regeln (Siegmüller/Kauschke 2006). Mehrsprachige Kinder können beim Erwerb der deutschen Sprache durch Modellierungstechniken ebenso sinnvoll unterstützt werden.

5.1 Modellierung konkret

Lara (vier Jahre, Erstsprache Schweizerdeutsch) zeichnet ein Pferd. Eine Frühpädagogin sitzt neben ihr und beginnt ein Gespräch.

BEISPIEL

Frühpädagogin: Was malst denn du, Lara?
Lara: Ein Pferd.
FP: Ein Pferd. Ja, jetzt sehe ich es. Hier ist der Kopf und hier hinten hast du mit dem Filzstift einen –
L: Rosa.
FP: Einen rosa Schweif hast du gemalt, genau.
L: Und einen viletten.

FP: Ja, der Schweif ist rosa und violett.
L: Ist mega ein söne Pferd.
FP: Das ist ein ganz schönes Pferd. Hast denn du schon mal ein richtiges Pferd gesehen?
L: Ein kleines und ein großes.
FP: Du hast ein kleines und ein großes Pferd gesehen. Wo hast du denn die Pferde gesehen, Lara?
L: Äh, Mama sein Stall, habe ich ein sehr kleine Pferd und großes Pferd.
FP: In einem Stall hast du ein kleines und ein großes Pferd gesehen.

Ausgehend von einer spontan entstandenen Gesprächssituation über die Zeichnung von Lara kann die Frühpädagogin die Äußerungen des Kindes aufgreifen und so formen, dass das Kind sie nochmals korrekt bzw. mit einer Zusatzinformation hört. Dabei liegt das Interesse der Frühpädagogin beim Thema und beim Inhalt der Aussagen des Kindes. Lara wird mehrmals bestätigt in dem, was sie sagt, aber nie kritisch darauf hingewiesen, wie sie etwas sagt.

Die Techniken der Modellierung wurden von Dannenbauer (1984) ausgearbeitet (Dannenbauer 2002; Kannengieser 2009; Motsch 2010).

Es werden **zwei Gruppen von Modellierungstechniken** unterschieden: Modellierungstechniken, **die einer kindlichen Äußerung vorausgehen** (Tab. 11) und solche, **die einer kindlichen Äußerung nachfolgen**.

Um ein Kind zum Sprechen zu motivieren und um modellhafte Äußerungen zu präsentieren, eignen sich die vorausgehenden Modellierungstechniken.

Im Beispiel von Lara setzt die frühpädagogische Fachperson zunächst das Parallelsprechen ein, um Lara ein sprachliches Modell anzubieten, wie sie ihre

Tab. 11: Vorausgehende Modellierungstechniken

Der kindlichen Äußerung vorausgehende Modellierungstechniken		
Technik	**Beschreibung**	**Beispiel**
Gehäufte Einführung neuer sprachlicher Zielstrukturen (Präsentation)	Eine neue sprachliche Struktur (z.B. Adjektivendungen) wird wiederholt genutzt.	*Das ist **ein** ganz **schönes Pferd.** Hast denn du schon mal **ein richtiges Pferd** gesehen?*
Versprachlichung des kindlichen Handelns oder wichtiger Situationsmerkmale (Parallelsprechen)	Das kindliche Handeln oder das, worauf das Kind seine Aufmerksamkeit richtet, wird sprachlich begleitet.	*Ein Pferd. Ja, jetzt sehe ich es. Hier ist der Kopf (…).*

eigenen Gedanken und das, was auf dem Bild zu erkennen ist, in Worte fassen könnte (Kap. 3): *Ein Pferd. Ja, jetzt sehe ich es. Hier ist der Kopf und hier hinten hast du mit dem Filzstift einen …* Zudem verwendet sie immer wieder das Wort *Pferd* in der Einzahl- und in der Mehrzahlform mit einem Begleiter oder einem Adjektiv davor. Dadurch hört Lara gehäuft die korrekten Formen des Wortes, die sie noch nicht sicher verwenden kann.

Die Modellierungstechniken, die einer kindlichen Äußerung nachfolgen, sind besonders im Dialog mit den Kindern wichtig, da ihnen eine gezielte und vor allem unmittelbare Rückmeldung zu ihrer Sprachproduktion gegeben werden kann. Die nachfolgenden Modellierungstechniken (Tab. 12) stehen im Mittelpunkt dieses Kapitels.

Die drei beschriebenen Techniken beziehen sich vor allem auf grammatische Regeln, die den Satzbau betreffen. Wenn ein Kind Satzelemente auslässt, werden sie bei der *Expansion* hinzugefügt. Bildet das Kind bereits einen korrekten Satz, kann der Gedankengang durch eine Erweiterung des Inhalts (*Extension*) weitergeführt werden. Durch die *Umformung* erlebt das Kind eine Satzstruktur als veränderbar. Zum Beispiel kann eine Aussage in eine Frage umgeformt werden.

Eine weitere wichtige Modellierungstechnik ist die verbesserte Wiederholung (*korrektives Feedback*). Die verbesserte Wiederholung kann auf drei Sprachebenen angewendet werden. Die erwachsene Person kann einen Fehler auf der Lautebene, auf der Bedeutungsebene und auf der grammatischen Ebene indirekt verbessern. Da die Kinder teilweise bis zum Schulalter Laute noch nicht richtig

Tab. 12: Nachfolgende Modellierungstechniken

Auf die kindliche Äußerung nachfolgende Modellierungstechniken		
Technik	**Beschreibung**	**Beispiel**
Vervollständigung des Satzes (Expansion)	Eine unvollständige Äußerung des Kindes wird aufgegriffen und mit weiteren Satzelementen ergänzt.	L: *Ein kleines und ein großes.* FP: *Du **hast** ein kleines und ein großes Pferd **gesehen**.*
Erweiterung des Inhalts (Extension)	Die Äußerung des Kindes wird inhaltlich weitergeführt, um den Satz mit einer neuen sprachlichen Form anzureichern.	L: *Und einen viletten.* FP: *Ja, der Schweif ist rosa und violett.*
Umformung	Die sprachliche Äußerung des Kindes wird umgestellt und in eine andere Form gebracht.	L: *… habe ich ein sehr kleine Pferd und großes Pferd.* FP: *In einem Stall **hast du** ein kleines und ein großes Pferd gesehen.*

aussprechen, Wörter vertauschen oder mit grammatischen Formen Mühe haben, sollten sie die richtigen Formen immer wieder hören, um sie in ihr eigenes Sprachwissen aufnehmen zu können. Drei Arten der verbesserten Wiederholung können angewendet werden (Tab. 13).

Im Folgenden wird jeder Sprecherwechsel der Frühpädagogin mit Lara mit Blick auf die Modellierungstechniken genauer analysiert. Es zeigt sich, dass Lara durch die Modellierungstechniken zu immer längeren Äußerungen motiviert wird (Dialogbeispiel mit Zuordnung der Modellierungstechniken im Online-Material).

Deutlich wird auch, dass verschiedene Modellierungstechniken in Kombination zum Einsatz kommen können.

FP: Was malst denn du, Lara?
Lara: Ein Pferd.
FP: Ein Pferd. Ja, jetzt sehe ich es. Hier ist der Kopf und hier hinten hast du mit dem Filzstift einen … (*Parallelsprechen*)

Die Frühpädagogin steigt mit einer Ergänzungsfrage (Kap. 6) ein, die Lara mit einem Zwei-Wort-Satz (*Ein Pferd*) beantwortet. Um Lara weiter zum Sprechen zu motivieren, versprachlicht die Frühpädagogin Laras Handeln (*Parallelsprechen*).

Tab. 13: Korrektives Feedback auf drei Sprachebenen

Technik	Beschreibung	Beispiel
verbesserte Wiederholung (korrektives Feedback)	Die kindliche Äußerung wird mit Korrekturen wiedergegeben, ohne das Kind direkt auf seinen Fehler hinzuweisen (z. B. „falsch, das heißt nicht …, sondern …").	
Laute (phonetisch-phonologische Ebene)	Die indirekte Korrektur der kindlichen Äußerung bezieht sich auf die Aussprache eines Wortes.	L: *Ist mega ein söne Pferd.* FP: *Das ist ein ganz schönes Pferd.*
Wortschatz (semantisch-lexikalische Ebene)	Die indirekte Korrektur der kindlichen Äußerung bezieht sich auf ein nicht passendes Wort oder eine unvollständige Wortform.	L: *Und einen viletten.* FP: *Ja, der Schweif ist rosa und violett.*
Grammatik (morpho-syntaktische Ebene)	Die indirekte Korrektur der kindlichen Äußerung bezieht sich auf grammatische Formen eines Satzes, z. B. Wortbildung oder Satzstellung.	L: *Ist mega ein söne Pferd.* FP: *Das ist ein ganz schönes Pferd.*

L: Rosa.
FP: Einen rosa Schweif hast du gemalt, genau. (*Expansion und Extension*)

Lara kann das Sprachangebot aufgreifen und bringt sich ein – erneut mit einer kurzen Äußerung. Diese wird wiederum von der Frühpädagogin aufgenommen. Sie modelliert, indem sie Laras Ein-Wort-Satz (*Rosa*) zu einem vollständigen Satz ausbaut (*Expansion*) und einen wichtigen Begriff hinzufügt (*Schweif*), um die Aussage inhaltlich zu erweitern (*Extension*).

L: Und einen viletten.
FP: Ja, der Schweif ist rosa und violett. (*Expansion und korrektives Feedback, semantisch-lexikalisch*)

Lara führt ihre Erklärungen zu ihrem Bild weiter aus (*Und einen viletten*). Die Frühpädagogin greift die Ergänzung auf und fügt sie wiederum in einen ganzen Satz ein (*Expansion*). Dabei wendet sie zusätzlich eine indirekte Verbesserung an, um das fehlerhafte Wort *vilett* noch einmal richtig zu sagen.

L: Ist mega ein söne Pferd.
FP: Das ist ein ganz schönes Pferd. Hast denn du schon mal ein richtiges Pferd gesehen? (*Korrektives Feedback, phonetisch-phonologisch und morphologisch-syntaktisch*)

Mit der Äußerung *Ist mega ein söne Pferd* bewertet Lara ihr Gemälde. Das Feedback bezieht sich einerseits auf die Lautstruktur des Wortes *schön* (Unterscheidung von /sch/und /s/), andererseits auf die grammatische Struktur der Äußerung. Der Satz ist vollständig, allerdings stehen die Wörter nicht in der richtigen Reihenfolge. Zudem zeigt sich, dass Lara noch Schwierigkeiten mit der Anpassung der Adjektivendung (*Deklination*) an das Nomen hat. Somit ist die verbesserte Wiederholung auf der morphologisch-syntaktischen Ebene doppelt erforderlich: Indem die richtige Adjektivendung angefügt wird (*ein schön***es** *Pferd*) und indem die Wörter des Satzes in die richtige Reihenfolge gebracht werden. Um mehr darüber zu erfahren, was Lara über Pferde weiß, schließt die Frühpädagogin eine Entscheidungsfrage an.

L: Ein kleines und ein großes.
FP: Du hast ein kleines und ein großes Pferd gesehen. Wo hast du denn die Pferde gesehen, Lara? (*Expansion*)

Lara beantwortet die Frage nicht einfach mit Ja oder Nein, sondern mit einer korrekten Äußerung (*Ein kleines und ein großes*). Dabei verwendet Lara die richtige Endung bei den beiden Adjektiven. Um dies Lara nochmals zu bestätigen und die Formen in einem ganzen Satz zu wiederholen, reagiert die Frühpädagogin mit einer Vervollständigung des Satzes (*Expansion*) und schließt eine Ergänzungsfrage an.

L: Äh, Mama sein Stall, habe ich ein sehr kleine Pferd und großes Pferd.
FP: In einem Stall hast du ein kleines und ein großes Pferd gesehen. (*Expansion*)

Lara antwortet mit einer recht langen Äußerung: *Äh, Mama sein Stall, habe ich ein sehr kleine Pferd und großes Pferd.* Weil die Vergangenheitsform nicht vollständig ist und nicht alle Adjektive richtig dekliniert wurden, expandiert die Frühpädagogin erneut: *In einem Stall hast du ein kleines und ein großes Pferd gesehen.* Da Lara noch Schwierigkeiten hat, einen langen Satz zu bilden, ist in diesem Moment unklar, was mit dem Wort *Mama* gemeint ist. Dieser Satzbaustein wird deshalb ignoriert, um den modellierten Satz nicht unnötig zu verlängern.

Lara erhält im Dialog fortlaufend wertvolle Rückmeldungen zu ihren fehlerhaft gebildeten Sprachstrukturen. Die Anpassung der Adjektivendung an das Nomen bereitet vielen Kindern über längere Zeit Schwierigkeiten. Deshalb ist die mehrfache Wiederholung durch die Frühpädagogin in diesem Beispiel sinnvoll. Es zeigt sich auch, dass Lara nach mehrmaliger Wiederholung innerhalb einer kurzen Äußerung die Adjektivendung bereits richtig verwendet hat. Auch die Satzbildung scheint Lara noch Mühe zu bereiten. Indem die unvollständigen Sätze immer wieder erweitert werden, lernt Lara die Regelmäßigkeiten des Satzbaus in der deutschen Sprache kennen.

Kira erzählt von ihrem Geburtstag. Die Frühpädagogin möchte mit Kira in einen Dialog kommen. Ihr ist aufgefallen, dass das Kind mit den Vergangenheitsformen noch Mühe hat. Zudem lässt Kira manchmal wichtige Funktionswörter aus. Die frühpädagogische Fachperson achtet entsprechend besonders darauf, dass sie fehlerhafte Sätze des Mädchens aufgreift und diese korrekt widerspiegelt.

Kira: Das habe ich bekommen.
Frühpädagogin: Das **hast du** bekommen. **Von wem hast du** das bekommen? (*Umformungen*)

Der erste Satz von Kira ist richtig. Die Frühpädagogin ergänzt mit einer Frage. Sie verwendet das gleiche Verb, formt es aber in die Du-Form und den Satz in einen Fragesatz um.

K: Ähm, das habe ich Burtstag bekommen.
FP: **Zum** Geburtstag **hast du** das bekommen. (*Umformung, Expansion und korrektives Feedback, semantisch-lexikalisch*)

Obwohl Kira die Frage nicht richtig verstanden hat, geht die Frühpädagogin nicht weiter darauf ein, sondern bestätigt ihre Äußerung, dass sie etwas zum Geburtstag bekommen hat. Das Funktionswort *zum* stellt sie an den Satzanfang, sodass es für Kira besonders gut wahrnehmbar ist. Dadurch wird der Satz um das fehlende Funktionswort vervollständigt (*Expansion*). Gleichzeitig findet auch eine Umformung von der Ich- in die Du-Form statt. Das Wort Geburtstag weist einen phonologischen Prozess auf, nämlich eine Auslassung der ersten Silbe. Die Frühpädagogin wiederholt dieses Wort richtig (*korrektives Feedback*), indem sie den Satz von Kira nochmals aufgreift.

K: Is schon lang her.
FP: **Das** ist schon lange her. Ja, **dein Geburtstag** ist schon **eine Weile** her. (*Expansion und Extension*)

Ohne weitere Nachfrage setzt Kira ihre Erzählung zum Geburtstag fort. Die Äußerung *Is schon lang her* wird von der Frühpädagogin mit dem Wort *Geburtstag* und *eine Weile* erweitert. Dadurch erhält der Satz eine neue, wichtige Zusatzinformation. Zusätzlich hört Kira erneut das Wort *Geburtstag*.

K: Morgen habe ich Dinsaurier bekommen, alle.
FP: **Am** Morgen hast du auch alle Dinosaurier bekommen. **So viele Geschenke!** (*Expansion, Extension und korrektives Feedback, semantisch-lexikalisch*)

מִשְׁכָּן	Wohnung
אֲשֶׁר שָׁכַן־שָׁם מִשְׁכַּן יְהוָה	wo die Wohnung Jahwes steht
מִסְפָּר	Zahl / Aufzählung
אֵין מִסְפָּר	unzählbar
מִזְרָח	Sonnenaufgang / Osten
מִזְרַח הַשֶּׁמֶשׁ	Sonnenaufgang
מִקְדָּשׁ	Heiligtum
מְשָׁרְתֵי הַמִּקְדָּשׁ	die im Heiligtum Dienst tun
הֵיכָל	Palast / Tempel
הֵיכַל קָדְשׁוֹ	sein heiliger Tempel
קָרְבָּן	Darbringung
לְהַקְרִיב קָרְבָּן	eine Opfergabe darbringen
אוֹצָר	Vorrat / Schatz
בֵּית הָאוֹצָר	Schatzhaus
גּוֹרָל	Los / Losanteil / Geschick
וַיַּשְׁלֵךְ גּוֹרָל	und er warf das Los
שׁוֹפָר	Horn
קוֹל שׁוֹפָר	Hörnerschall
שֻׁלְחָן	Tisch
שֻׁלְחַן הַמֶּלֶךְ	der Tisch des Königs
כִּכָּר	runde Scheibe / Talent
כִּכַּר לֶחֶם	runder Brotlaib
מוּסָר	Züchtigung / Zucht / Zurechtweisung
לֹא לָקְחוּ מוּסָר	sie nahmen keine Zurechtweisung an

16.2.3 Ordinal-Zahlwörter: → 16.3.3

16.2.4 Weitere Vokabeln:

לוּ ×	wenn / o daß doch
לוּא קָרַעְתָּ שָׁמַיִם	o daß du den Himmel zerrissest!
לוּלֵי ×	wenn nicht
לוּלֵא דִבַּרְתָּ	wenn du nicht geredet hättest
אוֹת	Zeichen
אֹתוֹת וּמֹפְתִים	Zeichen und Wunder
אֱמֶת (mit Suff. אֲמִתּוֹ)	Festigkeit / Zuverlässigkeit / Beständigkeit / Treue / Wahrheit

אָוֶן (14)	חַטָּאת (14)	עָוֹן (14)	עָוֶל (14)	עַוְלָה (14)
דרשׁ (7)	זכר (7)	כרת (7)	פקד (7)	שׁמר (7)
כבד (9/13)	פשׁע (9)	בטח (10)	סלח (10)	שׁכח (10)
פלא (11)	חטא (14)	ברא (14)		

16.2 Vokabular

16.2.1 Verba mediae laryngalis mit Pi'el:

בֵּרַךְ pi. segnen / preisen
בְּרָכָה Segen
שֵׁרֵת pi. dienen / Dienst tun
(Part.) מְשָׁרֵת Diener
גֵּרַשׁ pi. × vertreiben
וַיְגָרֶשׁ אֹתָם und er vertrieb sie
חֵרֵף pi. × schmähen
חֶרְפָּה Schmähung / Schmach
מֵאֵן pi. × sich weigern
וַיְמָאֵן und er weigerte sich
נִאֵץ pi. × verachten / verschmähen
נִאֲצוּ אֶת־קְדוֹשׁ יִשְׂרָאֵל sie haben den Heiligen Israels verworfen
מִהַר pi. sich beeilen / eilen
(Inf.) מַהֵר eilends
טִהַר pi. reinigen
טָהֵר q. rein sein
הַטָּמֵא וְהַטָּהוֹר der Unreine und der Reine
נִחַם pi. trösten
נַחֲמוּ נַחֲמוּ עַמִּי tröstet, tröstet mein Volk!
רִחַם pi. × sich erbarmen (jemandes = Akk.)
(Plur.) ×רַחֲמִים Erbarmen

16.2.2 Nomina mit veränderlichem Qames in der Endsilbe:

מִדְבָּר Wüste / Steppe
מִן־הַמִּדְבָּר וְעַד־הַיַּרְדֵּן von der Wüste bis zum Jordan
מַלְאָךְ Bote / Engel
וַיִּשְׁלַח מַלְאָכִים und er sandte Boten

Auch in diesem Satz zeigt sich wieder, dass Kira Schwierigkeiten hat, die längeren Wörter richtig abzurufen. Das Wort *Dinosaurier* wird unvollständig ausgesprochen und von der Frühpädagogin mittels eines korrektiven Feedbacks aufgegriffen. Auch das Funktionswort *am* wird im Satz ergänzt. Mit der Zusatzinformation *so viele Geschenke* bietet sie ihr eine inhaltliche Erweiterung an.

K: Ja, habe ich alles ausgepackt. Augen zu macht.
FP: **Du** hast **die** Augen zu**ge**macht? Und dann hast du **mit geschlossenen Augen die Geschenke** ausgepackt? (*Umformung, Expansion und Extension*)

Der Satz *Augen zu macht* zeigt Kiras Schwierigkeit bei den Vergangenheitsformen. Die Frühpädagogin nimmt den Satz auf und erweitert ihn mit dem Hilfsverb der Vergangenheitsform. Die fehlende Vorsilbe *ge-* von gemacht wird mittels eines korrektiven Feedbacks ergänzt. Anschließend fasst der nachfolgende Satz die beiden Sätze zusammen. Das Mädchen bekommt dadurch eine neue Beschreibung mit einem Synonym (*geschlossene Augen anstatt Augen zu gemacht*).

K: Nachher habe ich aufmacht. Schau, so. Einfach so hab ich gemacht.
FP: **Zum Auspacken hast du** die Augen wieder auf**ge**macht? (*Umformung und Expansion*)

Die Frühpädagogin fügt dem Satz einen wichtigen Satzteil hinzu (*die Augen*), da sonst nicht verständlich wird, was Kira mit ihrer Aussage (*nachher habe ich aufmacht*) genau meint. In den beiden Sätzen ist das Hilfsverb *haben* wieder vorhanden. Allerdings fällt eine Unsicherheit mit der Silbe *ge-* im Partizip auf. Diese wird durch die Frühpädagogin im Verb *aufmachen* ergänzt. Wenn Kira ein einfaches Verb ohne Vorsilbe verwendet (*machen* anstatt *aufmachen*), bildet sie das Partizip hingegen richtig.

K: Ja.
FP: Sonst hättest du ja gar nicht gesehen, was drin ist.

Durch die Ja-Antwort bekommt die Frühpädagogin die Bestätigung, dass sie Kira richtig verstanden hat. Sie kann nach Stellen der geschlossenen Frage nicht mehr weiter modellieren. Deshalb regt sie das Kind mit einer neuen Frage zur Fortsetzung der Erzählung an. Es ist deutlich geworden, dass die Modellierungstechniken in Kombination verwendet werden können. Häufig lassen sie sich auf den ersten Blick nicht klar voneinander abgrenzen. Dies ist für die Praxis auch nicht erforderlich. Denn es geht vor allem um die pädagogische Haltung des positiven Feedbacks und die Modellierung als sprachförderliche Verhaltensweise (Motsch 2010). Im Kindergartenalltag können die Modellierungstechniken mit etwas Übung spontan eingesetzt werden. Sie können aber auch Teil einer geplanten Einheit zur Sprachförderung sein (Berg 2011; Motsch 2010).

5.2 Weiterführende Fördervorschläge

In beiden Gesprächssituationen dieses Kapitels haben sich die Kinder in einem anregenden Dialog sprachlich ausgedrückt und von einem sprachlichen Vorbild profitiert. Weiterführende Dialoge können in einer spontan entstehenden Spielsituation oder im Rahmen einer Bilderbuchbetrachtung erneut aufgegriffen werden.

Eine Möglichkeit zur anknüpfenden Interaktion wäre ein Spiel mit Tieren auf dem Bauernhof. Die Frühpädagogin nimmt eine Spielrolle ein und gemeinsam mit Lara baut sie für die Tiere einen Stall. Sie reden über die verschiedenen Tiere, die im Stall wohnen werden. Diese kurzen Spielsequenzen bieten vielfältige Chancen, innerhalb des Themas Tiere immer wieder die gleichen Satzstrukturen, mit denen Lara Mühe hatte, einzubauen. Besonders im Spiel nimmt das Kind den Sprachinput ganz nebenbei und unbemerkt auf, da es rein auf das Spiel konzentriert ist. Dennoch wird die Sprache als sehr bedeutungsvoll erlebt, da sich die Spielpartner über das gemeinsame Ziel, das Bauen eines schönen Stalls, unterhalten müssen.

Mithilfe eines Buches könnte das Thema Geburtstag mit Kira vertieft werden. Die detailreich gestalteten Bilder der Geschichte von „Pettersson und Findus: Eine Geburtstagstorte für die Katze“ (Nordqvist 1984) regen zum Beobachten und Erzählen an. Kira erhält neuen Input zum Thema Geburtstag. Durch die Bilder fällt es ihr leichter, von ihrem eigenen Geburtstagskuchen zu erzählen. Gleichzeitig kann die Frühpädagogin die Äußerungen von Kira modellieren. In ähnlicher Art und Weise könnte das Thema Pferde mit Lara über ein Sachbuch mit vielen Bildern nochmals aufgegriffen werden.

Auf Basis der gezielten Beobachtung (Kap. 2 und 8) kann die Frühpädagogin einen Aspekt für die Sprachförderung auswählen, den sie während eines Dialoges mit dem Kind fokussiert. Als Beispiel dient die Präposition mit Dativ (*auf dem Baum, unter dem Tisch*), die vielen Kindern lang anhaltende Schwierigkeiten bereitet. Bei einer Bilderbuchbetrachtung können gezielt Fragen gestellt werden: *Wo sitzt die Katze? Wo hat sich der Fuchs versteckt?* Bei Kindern, denen die

Präposition mit Dativ noch Schwierigkeiten bereitet, sind Antworten wie *hinter den Baum* zu erwarten. Hier reagiert die Frühpädagogin mit einer Expansion (*Ja, der Fuchs versteckt sich hinter dem Baum.*). Da der Fokus hier auf die Präposition mit Dativ (*hinter dem Baum*) gerichtet ist, muss die Modellierung nicht im ganzen Satz erfolgen, sondern kann sich auf die kürzeste Zielstruktur beschränken (Motsch 2010). Ein kurzes korrektives Feedback würde ebenfalls ausreichen: *Ja, hinter dem Baum.*

6 Vierte Strategie: Den Spracherwerb mit Fragen fördern und begleiten

Von Mandy Schönfelder

Alltagssituationen wie Gesprächskreise, Begrüßung und Verabschiedung, der Frühstückstisch, das Freispiel sowie geführte Angebote sind als Fachperson-Kind-Interaktionen sprachlich gestaltet (Kucharz 2012). Das Stellen von Fragen ist dabei eine bedeutsame Sprachhandlung. Immerhin erzielt eine Frage in einem Gespräch einen Anteil von elf Prozent (Briedigkeit 2011). Kinder werden über Fragen dazu angeregt, sprachliche Äußerungen zu formulieren und eigene Gedanken zu entwickeln.

Dabei wird die *offene* Frage in der Sprachförderung gegenüber der *geschlossenen* Frage bevorzugt (King et al. 2011; Siraj-Blatchford/Manni 2008; Whitehurst et al. 1999). Eine geschlossene Frage kann nur mit einem einzelnen Wort beantwortet werden, eine offene Frage hingegen den Spracherwerb aktiv vorantreiben. Deshalb sollte die frühpädagogische Fachperson „offene Fragen stellen [...], sogenannte *W*-Fragen" (Kannengieser et al. 2013, 76).

Was bei dieser allgemeinen Empfehlung unbeachtet bleibt, ist das sprachliche Entwicklungsstadium des Kindes. Es kann je nach Sprachstand durchaus auch angemessen sein, alle Frageformen in eine wirksame Förderstrategie zu integrieren. So locken einzelne Fragetypen (*Entscheidungs-, Ergänzungs- und Alternativfrage*) oder verschiedene *W*-Fragen (bspw. *Wer, Wo, Wieso ...*) bestimmte sprachliche Formen hervor. Diese müssen mit den sprachlichen Fähigkeiten abgeglichen werden. Einem Kind, das aktuell Wortbedeutungen sammelt und in Ein- bis Zwei-Wort-Sätzen spricht, ist mit einer offenen *Warum*-Frage (Antwort im Nebensatz) nicht geholfen. In seinem individuellen Spracherwerbsstadium profitiert es vielmehr von Fragen, die einen spezifischen Begriff abrufen (*Was für ein ... ist das?*), besondere Merkmale eines Objekts erfragen (*Wie sieht etwas aus?*) oder Wortverbindungen hervorlocken (*Wo?*).

Für eine spracherwerbsbezogene Begleitung und Förderung (Ruberg/Rothweiler 2012) von Kindern sind alle Fragen wirksam, die entwicklungsangemessen und schrittweise aufbauend ausgewählt werden – Vygotskijs Zone der nächsten Entwicklung (Vygotskij 1972).

6.1 Sprachfördernde Fragen konkret

Im Betreuungsalltag ist die Frage ein wichtiges frühpädagogisches Werkzeug. Dabei besteht ein enger Zusammenhang zwischen der Art der Frage und wie sich Kinder in ein Gespräch einbringen können (König 2009; Dannenbauer 1994; Motsch 2010). In der Strategie des sprachfördernden Fragens können drei stimulierende Fragetypen unterschieden werden (Altmann 1993): die Entscheidungs-, Ergänzungs- und Alternativfrage.

- Die **Entscheidungsfrage** fordert zur Zustimmung oder Ablehnung auf. Eine Antwort ist dann angemessen, wenn der kindliche Empfänger die Aussage bestätigt (*ja*) oder verneint.
  Sieht der Bär glücklich aus?
  Hast du ein Lieblingstier?
- Das Format der **Ergänzungsfrage bzw. W-Frage** benötigt ein einleitendes Fragewort (*W*-Fragewort). Dieses dient als Platzhalter für die Antwort und fordert den Empfänger auf, die unvollständige Aussage zu erweitern. Die Ergänzungsfrage kann so Inhalt und Satzstruktur miteinander verbinden. *W*-Wörter aktivieren einzelne Begriffe oder binden die Inhaltswörter in eine sprachliche Form (Wortgruppen oder Teilsätze) ein.
  Was macht der Bär? – Frisst
  Welches Tier magst du am liebsten? – Den Hund
- Eine Sonderform unter den Fragetypen stellt die **Wahl- bzw. Alternativfrage** dar. Sie präsentiert mindestens zwei Antwortmöglichkeiten und regt dazu an, Zutreffendes auszuwählen und wiederzugeben. Die Alternativfrage kann mit einer Entscheidungs- oder Ergänzungsfrage kombiniert werden. In der sprachlichen Form sind Alternativfragen nicht eingeschränkt. Sie können eine Erweiterung sowohl im Wortschatz als auch auf Satzebene anbieten.
  Sieht der Bär freundlich oder gefährlich aus? – Freundlich
  Wo lebt dein Tier, im Wald oder auf der Wiese? – Im Wald

Beispiel aus der alltagsintegrierten Sprachförderung

Thomas (3;2 Jahre) ist ein aufgeschlossener und interessierter Junge. An gemeinsamen Bilderbuchsituationen nimmt er gern teil, hört aufmerksam zu und fragt neugierig nach. Bücher zu Tieren interessieren ihn besonders. In Gruppengesprächen sucht Thomas oft die Nähe zur frühpädagogischen Fachperson, um mit deren Hilfe Gesprächsbeiträge zu formulieren. Über eigene Erlebnisse berichtet er nur, wenn er dazu aufgefordert wird. Vor allem das mangelnde Selbstvertrauen in seine sprachlichen Fähigkeiten schränkt ihn ein. Der frühpädagogischen Fachperson ist es somit ein Anliegen, Thomas inhaltlich und in korrekter sprachlicher Form zu eigenen Äußerungen zu motivieren. Der Wortschatzaufbau und die Förderung von Satzstrukturen (u.a. Wortgruppen mit Präpositionen) sind die nächsten Entwicklungsschritte, die Thomas bewältigen muss.

Zur Förderung seiner sprachlichen Fähigkeiten greift sie sein Interesse an Tieren auf. Das Bilderbuch „Pu der Bär" von Alan A. Milne und E. H. Shepard (2014) bietet dabei den Anlass für ein gemeinsames Gespräch. Es erzählt die Geschichte eines kleinen Bären, der im Hundertsechzig-Morgen-Wald lebt und Honig liebt. Im Rahmen einer Bilderbuchbetrachtung entstand der nachfolgende Gesprächsausschnitt:

BEISPIEL

Fachperson: „Pu der Bär" heißt das Buch. Thomas, siehst du den Pu?
Thomas: Ja. (*zeigt auf das Buch*)
FP: Was ist denn Pu für ein Tier?
T: 'n Bär.
FP: Pu ist ein kleiner gelber Bär.
T: Und Topfe.
FP: Genau, da gibt es viele Töpfe. Es ist ein großes Durcheinander. Wo stehen die denn alle?
T: (*zeigt ins Buch*) Da!
FP: Oh ja. Stehen die Töpfe auf dem Boden oder im Schrank?
T: Auf dem Boden. Was ist drin?
FP: Wir können gemeinsam überlegen: Was frisst Pu gern? (*wartet ab*) Was hat der da vor sich im Topf, Fleisch oder Honig?
T: Honig.
FP: Ich glaube auch, ja! Pu liebt Honig. Magst du den auch gern?
Thomas schüttelt den Kopf.
FP: Was isst du am liebsten?

Die frühpädagogische Fachperson setzt im vorliegenden Beispiel verschiedene Fragetypen ein: Die Bilderbuchbetrachtung beginnt mit der Frage *Thomas, siehst du den Pu?* Da die geteilte Aufmerksamkeit die Voraussetzung für einen gemeinsamen Dialog ist, wird über diese Entscheidungsfrage das Augenmerk auf eine Bildfigur gelenkt. Zugleich kann Thomas eine erste Antwort (*Ja*) geben. Mit ihr gewinnt er Sicherheit und Selbstvertrauen. Anschließend wird die Hauptfigur der Geschichte näher beleuchtet. Die frühpädagogische Fachperson fragt, was Pu für ein Tier ist. Diese Ergänzungsfrage aktiviert ein einzelnes Wort und fordert zum Benennen (*'n Bär*) auf. Die sprachlichen Fähigkeiten in Wortschatz und Sprachform werden sichtbar. Zur Erarbeitung der Wortbedeutung werden weitere Merkmale des Bären aufgegriffen. Beispielsweise wird nach der Leibspeise des Bären gefragt (*Was frisst denn der Bär?*). Weil Thomas auch nach einer Pause nicht antwortet, bietet die Fachperson zwei Antwortmöglichkeiten zur Auswahl (*Fleisch oder Honig?*). Durch die Einschränkung auf zwei Antwortmöglichkeiten, ist die Frage eine inhaltliche Hilfestellung (*Honig*). Damit können sie den Wortschatzaufbau vorantreiben, aber auch grammatische Strukturen anbahnen. Zum Beispiel mit der Frage *Stehen die Töpfe auf dem Boden oder im Schrank?* Thomas' Schwierigkeiten, Präpositionen einzusetzen, nimmt die frühpädagogische Fachperson als Förderschwerpunkt auf und aktiviert ihn darin erneut. Nur erhält Thomas jetzt ein unterstützendes Gerüst.

Der nächste Entwicklungsschritt wird eingeleitet, indem die sprachliche Zielform präsentiert wird und er zur Reproduktion der korrekten Struktur aufgefordert ist. Die Alternativfrage dient als Sprachinput. Abschließend stellt die Frühpädagogin einen Bezug zur Lebenswelt her. Die Entscheidungsfrage *Magst du den auch gern?* aktiviert die kindliche Erinnerung und vertieft die Themen in einem neuen Kontext. Thomas soll eigene Gedanken entwickeln und beitragen.

Der Gesprächsausschnitt zeigt den Einsatz verschiedener Frageformen bei der dialogischen Bilderbuchbetrachtung. Die Fragen eröffnen die Interaktion zwischen der frühpädagogischen Fachperson und Thomas. Sie strukturieren den Gesprächseinstieg, lenken die Aufmerksamkeit, vertiefen relevante Inhalte und regen das Kind zum Sprechen an. Zugleich unterstützen sie die Ziele, inhaltliche Facetten des Themas aufzugreifen und Thomas entsprechend seiner sprachlichen Fähigkeiten in den Dialog einzubinden (Dialogbeispiel mit Zuordnung der Fragestrategien im Online-Material).

Das Potenzial sprachfördernder Fragetypen

Die Qualität eines Fragedialogs wird nicht durch die Unterscheidung zwischen offenen und geschlossenen Fragen bestimmt, sondern misst sich an der Entwicklungsangemessenheit des Impulses. Nachfolgend soll das sprachfördernde Potenzial verschiedener Fragetypen dargestellt werden.

Entscheidungsfragen

FP: (...) Thomas, siehst du den Pu?
T: Ja. (*zeigt auf das Buch*)

Entscheidungsfragen tragen vor allem zur Fachperson-Kind-Beziehung bei. Indem der kindliche Empfänger einer Frage zustimmt oder ablehnt, formuliert er einen ersten Gesprächsbeitrag. Selbst diese Antwort auf niedrigster Stufe wirkt positiv und bestärkend. Das Kind erlebt sich als selbstwirksam, nimmt aktiv am Gespräch teil und gewinnt Sicherheit in die eigenen sprachlichen Fähigkeiten. Entscheidungsfragen zeigen ihre Wirkung im Ansatz der sensitiven Responsivität (Remsperger 2013): Die frühpädagogische Fachperson setzt auf niedriger Stufe an, holt das Kind ab und schafft damit eine vertrauensvolle Basis. Kindliche Signale können wahrgenommen und mit einer Entscheidungsfrage feinfühlig erwidert werden.

Zugleich lenkt eine Entscheidungsfrage die Aufmerksamkeit auf ein bestimmtes Merkmal. Ein geteiltes Augenmerk ebnet den Einstieg in einen Dialog und ist Voraussetzung für weiterführende Interaktionsprozesse.

FP: Pu liebt Honig. Magst du den auch gern?
Thomas schüttelt den Kopf

Entscheidungsfragen können darüber hinaus das Gesprächsthema in einen neuen Kontext setzen. Durch sie findet u. a. eine Verknüpfung mit der kindlichen Lebenswelt statt. Dieser Lebensweltbezug regt dazu an, eigene Gedanken zu entwickeln und den Inhalt zu vertiefen.

Ergänzungsfragen

Ergänzungsfragen zielen auf eigenständige sprachliche Äußerungen ab. Ihr Einsatz richtet sich an Kinder, die bereits Wortbausteine abrufen und sprachliche Formen artikulieren können (Levelt 1989; Kannengieser 2009). Einzelne Wörter, Wortgruppen oder Teilsätze werden durch Ergänzungsfragen abgerufen.

FP: Was ist denn Pu für ein Tier?
T: 'n Bär.
FP: Pu ist ein kleiner gelber Bär.

Ergänzungsfragen sind für den Aufbau und die Erweiterung des Wortschatzes besonders relevant. Sie fordern zum Beispiel dazu auf, Personen oder Objekte zu benennen (*Wer?* oder *Was?*). Die Frage *Was ist denn Pu für ein Tier?* überprüft zudem, ob das Kind bereits spezifische Begriffe kennt. Neben der Begriffsbenennung können Ergänzungsfragen auch auf spezifische Merkmale verweisen (*Wie sieht der Bär aus? Welche Farbe hat der Bär?*). Damit gelingt es, die Worthülsen mit Bedeutung zu füllen und ein Begriffsnetzwerk aufzubauen.

Auch grammatische Strukturen werden durch Ergänzungsfragen gefördert: *Wer* oder *Was* erfragt einfache Substantive. Um Kinder anzuregen, ein Wort in den richtigen Fall zu setzen, können die Fragewörter *Wen* (Akkusativ) und *Wem* (Dativ) eingesetzt werden. *Warum* fordert eine Nebensatzstruktur und die *Wo*-Frage (*Wo stehen die denn alle?*) muss durch eine Wortgruppe mit Präposition (*auf dem Tisch*) beantwortet werden. In letztgenannter Form gibt es darüber hinaus eine entwicklungsangemessene Abstufung. So können grammatische Elemente wie die Präposition bereits in die Frage eingebaut werden. Die Fragen *Auf wem? Worauf? Wo?* bereiten schrittweise den Weg zur Wortgruppe und können entsprechend der sprachlichen Fähigkeiten ausgewählt werden. Bei Erwerbsbeginn werden die Satzstrukturen zunächst angebahnt. Dazu sollten möglichst viele grammatische Einheiten der Zielantwort vorgegeben werden. Die Frage *Auf wem?* präsentiert dem Kind die Präposition und den dazugehörigen Fall – sozusagen die ersten zwei Antwortelemente. *Worauf* hilft den Kindern, die richtige Präposition zu finden. Das Fragewort *Wo* unterstützt die sprachliche Zielform hingegen nicht. Das Inhaltswort muss selbstständig in eine Wortgruppe eingebettet werden.

Alternativfragen

Das sprachfördernde Potenzial einer Alternativfrage liegt im darin enthaltenen Sprachmodell (Szagun 2011). Es werden sprachliche Formen vorgegeben und vom Kind nachgesprochen.

> FP: Oh ja. Stehen die Töpfe auf dem Boden oder im Schrank?
> T: Auf dem Boden. Was ist drin?
> FP: Wir können gemeinsam überlegen: Was frisst Pu gern? (*Pause*) Was hat der da vor sich im Topf, Fleisch oder Honig?

Alternativfragen können dabei verschiedene Sprachebenen begleiten und unterstützen: den Erwerb lautlicher Besonderheiten (*Was macht der Bär, fressen oder essen?*), die Unterscheidung neuer Wortbausteine (*Was hat der da vor sich im Topf, Fleisch oder Honig?*) oder die Darbietung schwieriger Satzstrukturen (*Stehen die Töpfe auf dem Boden oder im Schrank?*). In dieser Vielfalt gelingt es, an den sprachlichen Entwicklungsstand des Kindes anzuknüpfen. Somit hat die

Alternativfrage einen besonderen Stellenwert in der Förderung sprachlichen Lernens. Alternativfragen orientieren sich am nächsten Entwicklungsschritt, präsentieren neue Wörter und Satzstrukturen und bereiten den Übergang zu eigenständigen Formulierungen vor. Input kommt vor Produktion. Die frühpädagogische Fachperson präsentiert als Sprachvorbild die Strukturen, die das Kind eigenständig erwerben soll. Szagun beschreibt dabei das Wiederholen einer „Modelläußerung" als Imitation und unbewussten Lernprozess (Szagun 2011). Besonders Kinder mit Deutsch als Zweitsprache oder einem Förderbedarf profitieren von diesem Frageformat. Zudem lässt sich mit Alternativfragen das Sprachverständnis überprüfen (Schlesiger 2009). Verstehen Kinder die sprachliche Aufforderungen oder Inhaltswörter nicht, wählen sie oft die zuletzt genannte Antwortmöglichkeit aus.

6.2 Weiterführende Fördervorschläge

Für die Unterstützung und Begleitung des Spracherwerbs sind anregende Lernanlässe zu gestalten. Einen besonderen Sprachlernkontext stellen Bilderbuchsituationen dar. In einem erzählenden Zusammenspiel von Text und Bild ist das Bilderbuch an den kindlichen Betrachter adressiert und dient häufig als Impulsgeber in Sprachfördersituationen. Einer regelmäßigen Bilderbuchbetrachtung werden positive Effekte zugesprochen (Snow 1977; Thiele 2003; Whitehurst/Lonigan 1998). Dabei verweisen Gasteiger-Klicpera et al. (2010) auf die Bedeutung der Anschlusskommunikation. Sie ist Aufgabe der frühpädagogischen Fachperson und findet im Einsatz situationsverwobener Sprachförderstrategien statt.

In der dialogischen Bilderbuchbetrachtung ist das Stellen von Fragen eine bewährte Strategie (Kraus 2005). Mit dem Ziel, gemeinsame Denkprozesse zu entwickeln und den sprachlichen Ausdruck zu unterstützen, können sich verschiedene Fragen auf einzelne Sachverhalte des Bilderbuches oder den gesamten Handlungsstrang beziehen. Auch hier zeigt sich ein schrittweiser Aufbau. Es gibt Fragen (Briedigkeit 2011), bei denen inhaltliche oder bildlich dargestellte Fakten benannt werden müssen (*Wer? Was? Wem? …*); Fragen zur Handlung (*Wie?*); Fragen, die Hintergrundinformationen oder Vermutungen erfragen (*Warum? Wozu? …*), aber auch Fragen zur eigenen Erfahrung bzw. kindlichen Lebenswelt (*Hast du das auch schon einmal gemacht?*). Darüber hinaus muss unterschieden werden, ob ein Thema neu erarbeitet wird oder dem kindlichen Adressaten bereits bekannt ist. Im Erstkontakt mit dem Bilderbuch sollten Entscheidungs- und Alternativfragen ausgewählt werden. Dadurch wird eine Vertrautheit mit dem Medium aufgebaut und auf unbekannte Informationen vorbereitet. Die frühpädagogische Fachperson führt die Kinder schrittweise an das Thema heran. Dieser Aufbau ist auch in Gesprächsrunden sinnvoll. Da die Kinder in (Klein)Gruppengesprächen über unterschiedliche sprachliche Fähigkeiten verfügen, sollten komplexe Ergänzungsfragen nicht den Einstieg gestalten.

Zunächst muss die Aufmerksamkeit der Kinder zusammengeführt werden und einzelne Sachverhalte, die für den Handlungsstrang wichtig sind, besprochen werden. Dabei helfen Alternativfragen. Sie unterstützen alle Kinder – unabhängig von zu fördernden Fähigkeiten. Statt die Kinder zu überfordern, sollten fördernde und herausfordernde Fragen gestellt werden (Schönfelder 2014).

Treten Fachperson und Kinder zu einem vertrauten Thema in den Dialog, können die Fragetypen umgekehrt genutzt werden. Ergänzungsfragen rufen bekannte Informationen ab, Alternativfragen bieten ein sprachliches Gerüst. Für eine wirksame Sprachförderung sollte das Bewusstsein geweckt sein, die sprachlichen Fähigkeiten mit den medialen Erfahrungen der Kinder zu verknüpfen. Ein Fragenkatalog kann entsprechend vorbereitet werden (Tab. 14).

Tab. 14: Förderpotenzial verschiedener Fragetypen

Frageformat	Antwortstruktur	Bereiche der Sprachförderung
Entscheidungsfragen	Zustimmung oder Ablehnung (ja, nein, doch)	– Aufmerksamkeitslenkung – Vertrauen in das eigene Sprachvermögen
Ergänzungsfragen	einfache Substantive (Nominativ), Ergänzungen im Dativ oder Akkusativ, Wortgruppe (mit Präposition), Nebensatz mit Verb-Letztstellung	– Wortschatzaufbau, Wortschatzerweiterung – Erwerb grammatischer Fähigkeiten (Satzstrukturen, Verbstellung, grammatischer Fall)
Alternativfragen	Wahlmöglichkeit vorgegebener Strukturen (in Komplexität nicht eingeschränkt)	– Satz- und Wortverständnis – Wortbausteine – grammatischer Fall (bspw. Dativ: *Wem? Dem Jungen.*) – Satzstrukturen (bspw. *Wo? Auf dem Baum.*)

7 Fünfte Strategie: Redirect

Von Elke Reichmann

Meins sagt das Kind, nimmt sich das Auto des Kindes, mit dem es gerade spielt, und wundert sich, dass das andere Kind sauer wird. Dabei wollte es doch nur tauschen, konnte sich jedoch aufgrund sprachlicher Schwierigkeiten nicht sozial adäquat ausdrücken. Ein sprachlich versiertes Kind sagt in dieser Spielsituation vielleicht: *Komm wir tauschen. Ich gebe Dir den Lastwagen, wenn Du mir das Auto dafür gibst.* Der Tausch wird vollzogen. Die Kinder spielen weiter miteinander. Bei beiden Kindern steht die gleiche Absicht hinter ihren Sprachhandlungen. Aber es wird deutlich, dass die Äußerungen des sprachlich eingeschränkten Kindes ein größeres Konfliktpotential beinhalten und die Interaktion in beiden Varianten unterschiedlich verlaufen kann. Macht ein Kind aufgrund mangelnder sprachlicher Ausdrucksfähigkeit mehrfach negative Erfahrungen in der Interaktion mit Gleichaltrigen, wie im Beispiel des missglückten Tausches geschehen, so wendet es sich in der Folge mit seinen Anliegen verstärkt an Erwachsene, um diese als Vermittler einzuschalten (Schuele et al. 1995; Bunce 1995). In diesem Fall ist es Aufgabe der engagierten Frühpädagogin, zum Beispiel mit der Technik *Redirect*, die Interaktion des fragenden Kindes mit anderen Kindern zu aktivieren und zu unterstützen. Denn die Kommunikation zwischen Kindern und Erwachsenen folgt anderen Strukturen als die Kommunikation zwischen Kindern und bietet nicht die Lernmöglichkeiten, die ein Kind für die Interaktion mit anderen Kindern benötigt (Albers 2009).

Für den Erwerb von sprachlich angemessenen kommunikativen Mustern ist es für Kinder von enormer Bedeutung, sich mit anderen Kindern auszutauschen und Kontakte zu knüpfen. Positive Kontakte zu anderen Kindern bilden die Grundlage für die Entwicklung von Freundschaften, die als wichtige Sozialisationsinstanz angesehen werden. In freundschaftlichen Beziehungen erfahren Kinder Unterstützung, sie fühlen sich zugehörig und als Person anerkannt. Gleichzeitig lernen Kinder im Umgang miteinander Strategien für Konfliktlösungen oder den Eintritt in eine Peergroup zu entwickeln, indem sie ihre Bedürfnisse mit denen anderer Kinder abstimmen müssen (Hadley / Schuele 1998). Durch die Interaktion erwerben Kinder auch ein Gefühl für die sprachliche Situation. Kindliche Interaktion stellt somit nicht nur ein wichtiges Element im Kontext des sozialen Lernens dar, sondern gilt auch als grundlegend für den Spracherwerb (Ahnert 2003; Licandro / Lüdtke 2013).

Speziell Kinder mit sprachlichen Schwierigkeiten fällt es schwer, erfolgreich Beziehungen und Freundschaften zu anderen Kindern aufzubauen. Untersuchungen haben gezeigt, dass diese Kinder von sprachlich kompetenteren Kindern weniger häufig als Spielpartner gewählt werden. Das hat zur Folge, dass gerade Kinder, die auf den sprachlichen Austausch mit Kindern besonders angewiesen sind, weniger Zugang zu Lernmöglichkeiten finden (Schuele et al. 1995; Licandro / Lüdtke 2013).

7.1 Redirect konkret

Eine Form der Unterstützung von Interaktion zwischen Kindern ist die Technik des Redirect. Diese Technik der Weiterleitung oder Umleitung kindlicher Äußerungen wurde in den USA von Schuele et al. (1995) entwickelt. Im deutschen Sprachraum wird die Weiterleitung als Element der Sprachförderung jedoch kaum genutzt (Albers 2009), obwohl sie gerade im Alltag einer Einrichtung ohne großen Aufwand realisiert werden kann.

Bei einem Redirect wird eine Bitte oder eine Anfrage eines Kindes an eine erwachsene Person durch diese an ein anderes Kind weitergeleitet. Das nachfolgende Beispiel macht dies deutlich.

BEISPIEL

Die Kinder sitzen mit der pädagogischen Fachkraft im Morgenkreis und unterhalten sich. Katrin fällt auf, dass Julia in der Woche zuvor nicht im Kindergarten war. Sie fragt die frühpädagogische Fachperson.

Katrin:	Wieso ist Julia die letzte Woche nicht da gewesen?
Fachperson:	Warum Julia letzte Woche nicht da war? Frag sie mal.
K (*an Julia gerichtet*):	Du warst letzte Woche nicht da?
Julia (*nickt*):	Ich war in den Ferien.

Ablauf eines Redirects

Das Beispiel zeigt den idealtypischen Verlauf einer Weiterleitung, die zu einer Kind-Kind-Interaktion führt (schematische Darstellung vgl. Abb. 3).

Damit dies gelingt, müssen verschiedene Kriterien im Verlauf erfüllt sein und alle beteiligten Personen auf eine bestimmte Art und Weise reagieren. Die Frühpädagogin hat in dieser Situation zunächst drei Möglichkeiten zu reagieren:

- **Weiterleitung/Redirect:** Sie veranlasst Katrin dazu, ihre Frage an Julia zu richten, sodass die beiden Mädchen in den direkten Austausch kommen.
- **Antwort:** Sie könnte Katrins Frage selbst beantworten, da sie von Julias Eltern sicherlich informiert wurde, dass die Familie im Urlaub sein wird.
- **Keine Antwort:** Sie könnte Katrins Einwurf ignorieren und das Gespräch zum zuvor begonnenen Thema fortsetzen.

Auch **Katrin** hat verschiedene Möglichkeiten, mit der Antwort der Frühpädagogin umzugehen:

- **Annahme der Weiterleitung:** Katrin nimmt den Impuls durch die Frühpädagogin auf und akzeptiert die Weiterleitung an Julia, indem sie ihr die Frage direkt stellt.
- **Erneute Anfrage an den Erwachsenen:** Katrin könnte den Weiterleitungsimpuls der Frühpädagogin ignorieren und ihre Unterhaltung mit der Erzieherin fortsetzen bzw. ihr Anliegen erneut der Frühpädagogin gegenüber zum Ausdruck bringen.
- **Abbruch der Kontaktaufnahme:** Katrin könnte die Unterhaltung ganz abbrechen und auf eine Beantwortung ihrer Frage verzichten.

Auch **Julia** hat verschiedene Möglichkeiten der Reaktion:

- **Anerkennung der Kontaktaufnahme:** Julia reagiert auf Katrins Anfrage und gibt ihr die entsprechende Antwort.
- **Neutrales Verhalten:** Julia nimmt Katrins Frage wahr, reagiert jedoch nicht.
- **Ablehnung der Kontaktaufnahme:** Julia könnte Katrins Anfrage ignorieren und nicht darauf eingehen.

Arten von Redirect

Es gibt verschiedene Möglichkeiten, die Anfragen eines Kindes angemessen weiterzuleiten. Diese unterscheiden sich durch den Umfang der Unterstützung und die Anleitung, die eine erwachsene Person dem Kind zukommen lässt, damit es die Kommunikation mit einem anderen Kind initiieren kann. Um ein Kind sinnvoll in diesem Prozess zu unterstützen und die angemessene Form der Weiterleitung zu wählen, ist es notwendig, das sprachliche Niveau und die sozialen Kompetenzen des Kindes zu kennen. Darüber hinaus hängt es auch von der Situation ab, welche Art von Weiterleitung passend ist (Rice/Wilcox 1995).

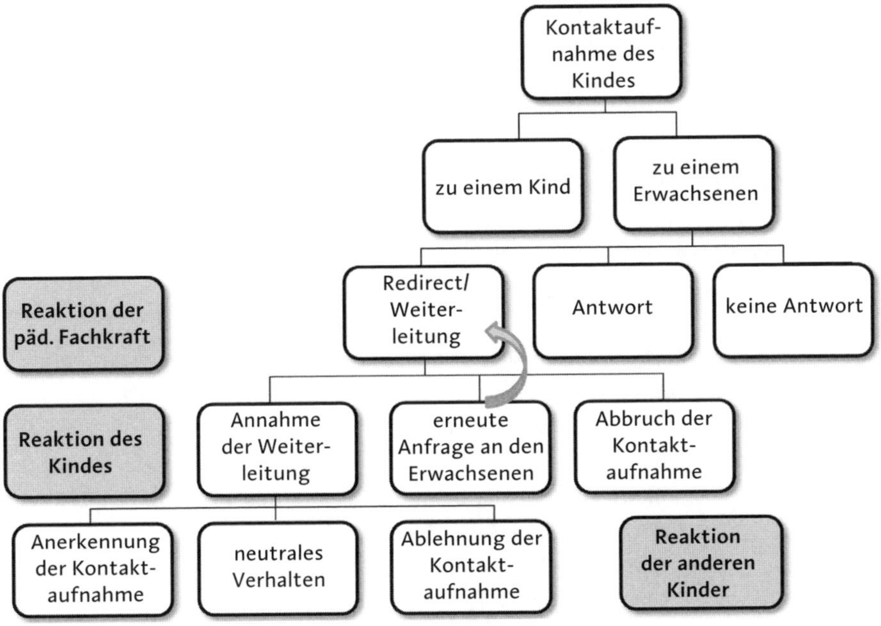

Abb. 3: Schematischer Ablauf (*in Anlehnung an Schuele/Rice/Wilcox 1995)*

Modell

Eine Möglichkeit, die Anfrage eines Kindes weiterzuleiten, ist das Modell. Dabei gibt die erwachsene Person eine genaue Formulierung vor, die das Kind übernehmen kann, um in Kontakt mit dem anderen Kind zu treten. Der Einsatz dieser Technik ist vor allem dann angebracht, wenn die sprachlichen Fähigkeiten des Kindes noch sehr eingeschränkt sind.

BEISPIEL

Die Kindergruppe sitzt beim gemeinsamen Frühstück. Jonas hat Knabbergebäck in Form von Fischen dabei, von denen Mario gerne welche hätte. Mario stupst die Frühpädagogin an und zeigt auf Jonas. Es entwickelt sich folgender Dialog:

Frühpädagogin: Möchtest Du etwas von Jonas? Frag Jonas doch mal: Sag: Darf ich bitte ein paar Fische haben?

Mario: Darf ich bitte ein paar Fische haben?

Jonas: Ja, klar.

Jonas teilt das Knabbergebäck mit Mario.

Dieses Beispiel zeigt, wie Mario sein Anliegen gegenüber Jonas durch die Frühpädagogin zum Ausdruck bringen möchte. Diese übernimmt jedoch nicht die Rolle des Sprachrohrs für Mario, sondern fordert ihn auf, selbst mit Jonas zu kommunizieren. Sie hilft ihm dabei, indem sie ihm ein Modell vorgibt, das er dann auch erfolgreich einsetzt. Mario kann so Sicherheit aufbauen, um selbst ein Gespräch zu initiieren.

Auch das folgende Beispiel zeigt, wie durch die Vorgabe eines Modells die Kommunikation zwischen Kindern unterstützt werden kann.

BEISPIEL

Die Kinder malen ihre Bastelarbeiten an. Antonio wendet sich an die frühpädagogische Fachperson.

Fachperson: Welche Farbe möchtest du?
Antonio: Blau.
FP: Blau? Tim hat die blaue Farbe. Du musst ihn fragen: Darf ich bitte die blaue Farbe haben?
A: Tim, darf ich die blaue Farbe haben?
Tim: Gleich, wenn ich fertig bin.

Das dritte Beispiel veranschaulicht, dass Kinder nicht immer auf die Impulse der Frühpädagogin eingehen.

BEISPIEL

Die Frühpädagogin führt mit den Kindern ein Musikangebot durch. Die Kinder dürfen ein Musikinstrument wählen. Julia findet jedoch kein Instrument, das ihr zusagt.

Julia: Ich will etwas anderes haben.
Frühpädagogin: Ja, dann frag ein anderes Kind, ob es tauschen möchte.
Julia (*an Frühpädagogin gewandt*): Ich will (*zeigt auf eine Triangel, mit der Sandra spielt*) das hier.
FP: Das ist eine Triangel. Frag mal Sandra: Darf ich die Triangel haben?

Julia geht nicht auf den Vorschlag ein und sucht im Korb nach einem anderen Instrument

Julia macht deutlich, dass sie nicht bereit ist, mit Sandra in Kommunikation zu treten und lieber in Kauf nimmt, ihr Lieblingsinstrument nicht zu spielen.

Das Modell kann für das Kind eine Hilfe sein, schwierige kommunikative Situationen zu meistern und die korrekten sprachlichen Muster zu üben. Zudem unterstützt diese Technik ein Kind dabei, neu erworbene grammatische oder soziale Strukturen zu festigen oder den neu erlernten Wortschatz zu üben (Rice/Wilcox 1995).

- **Soziale Strukturen:** Die Kinder sitzen beim Frühstück. Es gibt Wasser zu trinken. Tamara – ein Kind mit Migrationshintergrund, das über geringe Deutschkenntnisse verfügt – soll die Wasserbecher verteilen.

BEISPIEL

Fachperson: Tamara darf die Becher verteilen. Tamara, Du kannst fragen: Willst du Wasser? (*deutet an, dass Tamara jedes Kind fragen soll.*)

Tamara greift das Modell auf.

Tamara: Willst Du Wasser?

Wenn das gefragte Kind bejaht, dann reicht sie diesem einen Becher.

Durch das Modell bietet die Frühpädagogin eine Sprachkonvention an, die Tamara im ritualisierten Ablauf des Frühstücks im sozialen Umgang wiederholt einsetzen und so auch sprachliche Sicherheit gewinnen kann.

- **Wortschatzübung:** Die Frühpädagogin spielt mit einigen Kindern mit Migrationshintergrund ein Spiel, bei dem die Kinder Bildkarten auf einem Spielbrett zuordnen müssen. Jedes Kind hat zwei Spielbretter. Fatih kommt dazu und möchte mitspielen.

BEISPIEL

Fatih (*zu Frühpädagogin*): So ich. (*zeigt auf eins der Spielbretter von Sandra*)

Frühpädagogin: Da musst du Sandra fragen. (*an Sandra gewandt*) Sandra, darf er eins haben oder willst du alleine spielen?

Sandra (*zeigt auf Spielbrett und nickt*): Das.

FP: Fatih darf eins haben. (*an Fatih gewandt*) Sag: Danke, Fatih.

F: Bitte.

FP: Nein, Danke Sandra.

F: Danke.

Hier wird deutlich, dass Fatih, der die Höflichkeitsformen *Bitte* und *Danke* noch nicht sicher verwendet, diese durch das Modell üben und festigen kann.

Vorschlag

Beim Vorschlag wird keine präzise Äußerung vorgegeben, die vom Kind direkt übernommen werden kann. Die erwachsene Person weist lediglich darauf hin, dass sich das Kind an ein anderes Kind wenden könnte. Das Kind ist also selbst aufgefordert, die passende Formulierung für die Kontaktaufnahme zu finden (Rice/Wilcox 1995).

Diese Form der Weiterleitung setzt voraus, dass das weitergeleitete Kind über die notwendige sprachliche Kompetenz verfügt, die Kontaktaufnahme zu einem anderen Kind selbstständig zu gestalten. Dies wird in den beiden nachfolgenden Beispielen deutlich.

BEISPIEL

Joanna kommt zur Fachperson und fragt nach mehr Knete.
Fachperson: Du möchtest Knete? Hast du denn schon einmal jemanden gefragt? Geh mal Jessica fragen, ob du welche von ihr haben darfst. Sie hat ganz viel.
Joanna geht zu Jessica, die so beschäftigt ist, dass sie Joannas Anfrage nicht hört.
FP: Jessica, hör mal zu. Joanna möchte dich was fragen.
Jessica wendet sich Joanna zu.
Joanna: Darf ich bitte Knete haben?
Jessica lässt Joanna die Knete nehmen.

Die Mädchen in der Kindergruppe haben sich als Prinzessinnen verkleidet. Nun möchten sie sich auch entsprechend schminken. Lara wendet sich an die Frühpädagogin.

BEISPIEL

Lara: Kannst du mir helfen?
Frühpädagogin: Nein Lara, ich bin beim Aufräumen. Du kannst Alexandra fragen. Die hilft dir sicher.
L (*zu Alexandra*): Kannst Du mir helfen, ich kann das nicht?
Alexandra hört nicht.
L (*zu Alexandra*): Alexandra, kannst du mich anmalen?
Alexandra: Ja.

In beiden Beispielen gibt die Frühpädagogin lediglich die Anregung ein anderes Kind zu fragen. Wie diese Frage ausformuliert wird, liegt im Ermessen der Kinder. Joanna und Lara zeigen sich kompetent genug, diese Aufgabe sowohl sprachlich als auch sozial zu meistern.

Hinweis

Der Hinweis stellt die anspruchsvollste Form der Weiterleitung dar. Der Grad der Unterstützung und Anleitung ist hier nur noch gering. Eine Weiterleitung erfolgt bei dieser Technik nur indirekt. Kinder benötigen für diese Form der Weiterleitung ein gutes Sprachgefühl, da sie nicht nur selbstständig eine passende Formulierung finden, sondern zunächst einmal die Absicht der erwachsenen Person hinter dem Gesagten erkennen müssen.

BEISPIEL

Die Kinder experimentieren mit Wasser und Lebensmittelfarbe. Fabienne hantiert mit einem Glas Wasser. Sie wendet sich an die Frühpädagogin.

Fabienne: Darf ich bitte einen Löffel haben?
Frühpädagogin: Der Marvin hat einen Löffel. Ich nicht.
F: Marvin, kann ich deinen Löffel haben?
Marvin: Hier, nimm ihn.

Das Beispiel zeigt, dass Fabienne aus der Äußerung der Frühpädagogin selbst ableiten muss, dass sie sich mit ihrer Frage an Marvin wenden soll.

Hinweise werden auch häufig im Rollenspiel eingesetzt, wo sie die Handlung des Spiels voranbringen sollen.

BEISPIEL

Tobias steht schon seit längerer Zeit alleine im Kaufladen. Er winkt die Frühpädagogin zu sich.

Frühpädagogin: Was ist, Tobias? Bist du der Verkäufer? Kann man zu dir kommen, um etwas einzukaufen? Du, vielleicht brauchen die Frauen mit ihren Kindern noch etwas zum Essen. Soll ich mal fragen, ob jemand zu dir einkaufen kommen möchte?

Tobias nickt.

Die Frühpädagogin geht in die Puppenecke, in der einige Mädchen spielen.

FP: Dort ist gerade ein Verkäufer im Laden. Der Laden ist offen.

In diesem Fall wählt die Frühpädagogin nicht die Möglichkeit, Tobias direkt an die spielenden Mädchen weiterzuleiten, sondern versucht durch den Einsatz eines Hinweises die Mädchen dazu zu animieren, ihr Spiel auf den Kaufladen auszudehnen und die Rollenspiele von Tobias und den Mädchen zu verknüpfen (*Dort ist gerade ein Verkäufer im Laden. Der Laden ist offen.*).

7.2 Weiterführende Fördervorschläge

Unterstützte Redirects

Um kommunikative Interaktion anzubahnen, ist es notwendig, diese insbesondere mit sprachlich eingeschränkten oder jüngeren Kindern einzuüben. Das gilt auch für die Weiterleitung durch Erwachsene. Kinder müssen sich zunächst daran gewöhnen, selbst aktiv zu werden und nicht mehr den Weg über die erwachsene Person nehmen zu können. Deshalb kann es sein, dass bei manchen Kindern eine Vorstufe zum Redirect etabliert werden muss. Diese Vorstufe zeichnet sich durch eine noch intensivere sprachliche Unterstützung aus. Diese Begleitung kann stark erwachsenenzentriert sein und zurückgenommen werden, sobald das Kind sicher mit einer Weiterleitung oder den entsprechenden sprachlichen Mustern umgehen kann.

Die Kinder sind im Freispiel. Luisa spielt mit einem Auto. Marlon sitzt neben ihr und nimmt ihr das Auto weg. Die Kinder rangeln um das Auto und Luisa beginnt zu weinen. Die Frühpädagogin schaltet sich ein.

BEISPIEL

Frühpädagogin: Sprecht miteinander. Marlon, sag Darf ich?
Marvin (*zur Frühpädagogin*): Darf ich?
FP: Du musst es Luisa sagen. Darf ich, Luisa?
M (*an Luisa gewandt*): Darf ich, Luisa?
FP (*an Luisa gewandt*): Und Luisa sagt jetzt Ja oder Nein.
M (*an Frühpädagogin gewandt*): Darf ich das, Luisa?
FP: Ich bin Maria. Das ist Luisa. Reiß das Auto Luisa nicht einfach aus der Hand. Sag: Darf ich, Luisa?
Luisa: Mhm (*verneint*)
FP (*zu Marlon*): Luisa sagt Mhm, was heißt das? (*wartet ab*) Das heißt, glaube ich, Nein. Du musst es ihr lassen.

Ziel der Frühpädagogin in dieser Situation ist es, den Konflikt durch Kommunikation zwischen den Kindern zu schlichten. Da beide Kinder dies sprachlich noch nicht bewältigen können, unterstützt sie die Frühpädagogin, indem sie einfache Modelle vorgibt, die die Kinder übernehmen können. Dabei achtet sie zusätzlich darauf, dass die Äußerungen der Kinder an die richtige Person gerichtet werden. Auf diese Weise lenkt sie die Kinder durch den Austausch und bietet sprachliche und soziale Muster, die die Kinder künftig zur Konfliktlösung einsetzen können.

Auch das zweite Beispiel veranschaulicht, wie die Frühpädagogin durch eine intensive Unterstützung der Interaktion einen Konflikt zwischen beiden Kindern verhindert und ihnen zeigt, wie sie kommunikativ eine Lösung finden können.

Die Kinder sind im Freispiel. Alexej baut einen Turm aus Bauklötzen. Sina kommt hinzu und stößt den Turm unabsichtlich um.

BEISPIEL

Alexej (*zu Sina*): Hey.
Sina reagiert nicht.
Fachperson (*zu Sina*): Du, ich glaube, der Alexej möchte dir etwas sagen.
A: Du hast das kaputt gemacht.
FP (*zu Sina*): Hast du gehört? Hast du verstanden? Was hat er gesagt?
Sina (*nickt, an Fachperson gewandt*): Ich soll den Turm nicht kaputt machen.
FP (*zu Sina*): Jetzt musst du Alexej eine Antwort geben.
Sina schweigt.
FP (*zu Sina*): Ich habe es nicht absichtlich gemacht, oder?
Sina nickt.
FP (*zu Sina*): Vielleicht kannst du ihm helfen. Frag mal, ob du helfen darfst.
Sina zögert.
FP: Frag mal.
Sina fragt leise. Dieses Mal reagiert Alexej nicht.
FP (*zu Alexej*): Alexej, Sina hat dich etwas gefragt.
A: Was?
S: Darf ich helfen?
A: Ja.
Die Kinder bauen gemeinsam weiter.

Erneute Redirects

Eine mögliche Reaktion von Kindern auf die Weiterleitung ist das Ignorieren derselben (Kap. 7.1). In einer solchen Situation kann es sinnvoll sein, dass die Frühpädagogin eine erneute Weiterleitung einsetzt. Durch die wiederholte Aufforderung signalisiert die Frühpädagogin, dass sie Wert auf die Kommunikation zwischen den Kindern legt und erhöht so die Chance auf eine erfolgreiche Interaktion zwischen den Kindern.

Die Kinder spielen. Marina sitzt auf einer kleinen Lok und fährt herum. Alexander stößt sie von der Lok und nimmt diese an sich.

BEISPIEL

Fachperson: Jetzt schau mal, was passiert ist. Geh mal zu Marina hin und entschuldige dich dafür. Sag: Entschuldigung, weil das nicht so nett war.

Alexander (*zu Fachperson*): Entschuldigung.

FP: Du musst zu ihr hingehen und es ihr sagen.

Alexander geht zu Marina und entschuldigt sich leise und halbherzig, ohne dass es Marina bemerkt.

FP: Hat sie dich angeschaut?

Alexander schüttelt den Kopf.

FP: Geh noch einmal zu ihr hin und sag Schau mich mal bitte an und dann sagst du es ihr noch einmal.

Alexander befolgt den Vorschlag.

Obwohl Alexander die Weiterleitung durch die Frühpädagogin nicht ganz ignoriert, zeigt seine halbherzige Entschuldigung, dass er eigentlich keinen Kontakt zu Marina aufnehmen möchte. Durch die erneute Aufforderung macht die Frühpädagogin jedoch deutlich, dass ihr nicht nur eine Interaktion, sondern auch das Einhalten sozialer Umgangsformen wichtig ist.

Zeitnahe Redirects

Die Kontaktaufnahme zu Erwachsenen baut auf dem Bedürfnis des Kindes auf, in diesem Moment ein bestimmtes Anliegen zu kommunizieren. Erfolgreiche Weiterleitungen machen sich diesen Umstand zunutze, indem man als Frühpädagogin direkt auf dieses Bedürfnis reagiert und die Weiterleitung sofort durchführt (Schuele et al. 1995).

Ratschläge oder Modelle, die dem Kind nach einer (gescheiterten) Kommunikationssituation angeboten werden, haben in der Regel geringere Erfolgsaussichten, da die Situation, auf die sich der Ratschlag der Frühpädagogin bezogen hat, abgeschlossen ist. Gleiches gilt auch für Modelle, die ganz allgemein an die Kindergruppe gerichtet werden.

Variable Redirects

Reagiert ein Kind auf einen ersten Weiterleitungsversuch nicht und ist es augenscheinlich mit der vorgeschlagenen Form der Weiterleitung überfordert, sollte eine Anpassung an das sprachliche Niveau durch eine zweite, einfachere Form der Weiterleitung erfolgen.

Die Kinder kneten. Nadine macht mit einer kleinen „Spätzlepresse" Spaghetti. Mario, der sich im Zweitspracherwerb befindet, möchte die Presse und versucht Nadine diese wegzunehmen.

BEISPIEL

Fachperson: Moment, Mario, Nadine ist noch dran. Du kannst sie fragen: Du, Nadine, darf ich auch Spaghetti machen, wenn du fertig bist?

Mario schüttelt den Kopf und verweigert die Kontaktaufnahme zu Nadine.

FP: Mario, du kannst sie fragen Du, Nadine, darf ich auch Spaghetti machen?

Mario schüttelt wiederum den Kopf und versucht Nadine die Presse zu entreißen.

FP: Mario, stopp. Du kannst sagen Bitte, Nadine.

Mario reagiert weiterhin nicht.

FP: Mario, soll ich dir helfen? (*an Nadine gewandt*) Du Nadine, darf Mario Spaghetti machen, wenn du fertig bist?

Nadine gibt die Presse an Mario weiter, der nun Spaghetti macht.

Die Situation zeigt beispielhaft, wie die Frühpädagogin stufenweise versucht, ihren Input an die sprachlichen und sozialen Fähigkeiten des Kindes anzupassen. Sie gibt zu Beginn ein ausführliches Modell vor, das sie in verkürzter Form nochmals wiederholt. Als das Kind auch bei der zweiten Vorgabe nicht reagiert, vereinfacht die Frühpädagogin das Modell, indem sie stärker auf die sozialen Konventionen abzielt.

Initiierung der Interaktion durch die Frühpädagogin (Prompting)

Als Alternative zum Redirect kann von der frühpädagogischen Fachperson auch die Technik des **Promptings** angewendet werden. In diesem Fall geht die Initiative zur Kommunikationsaufnahme nicht vom Kind aus, sondern von der erwachsenen Person. Diese schlägt vor, dass ein Kind ein anderes Kind ansprechen könnte. Die Äußerungen des Erwachsenen unterscheiden sich dabei nicht vom Redirect und können als Modell, Vorschlag oder Hinweis formuliert sein. Der wesentliche Unterschied zum Redirect besteht darin, dass der Wunsch nach Kommunikation nicht vom Kind, sondern vom Erwachsenen ausgeht (Schuele et al. 1995). Die Zielsetzung ist jedoch wie beim Redirect die Anregung und Unterstützung der Kommunikation zwischen Kindern (Dialogbeispiele mit Zuordnung der Redirects im Online-Material).

8 Alle Strategien im Überblick

Von Nadine Itel und Mandy Schönfelder

8.1 Von der Beobachtung zur Sprachförderung

Wie die Strategien der Sprachförderung zusammenwirken und entwicklungsangemessen umgesetzt werden, zeigt ein letztes, umfassendes Beispiel. Darin werden alle vorgestellten Sprachförderstrategien in einem Dialog angewendet. Da in der Sprachförderung die Beobachtung sehr bedeutsam ist, gehen auch diesem Beispiel Beobachtungen zu den am Gespräch teilnehmenden Kindern (Manuel und Sophia) voraus. Die Beobachtungen zu Manuel wurden von der frühpädagogischen Fachperson im Beobachtungsbogen festgehalten (Abb. 2 und ausgefülltes Beispiel des Beobachtungsbogens „Leitfragen zur Beschreibung von Sprachkompetenz" im Online-Material). Auf Grundlage dieser Beobachtungen wird das sprachförderliche Verhalten der frühpädagogischen Fachperson detailliert betrachtet.

Beobachtung zu Manuel

Manuel ist 4;2 Jahre alt und spricht Deutsch als Erstsprache mit Dialekt. Der Beobachtungsbogen zeigt, dass Manuel gerne von Erlebnissen erzählt und neugierig nachfragt, wenn er etwas nicht weiß oder nicht verstanden hat. Besonders Bücher über Fahrzeuge interessieren ihn sehr. In Einzelsituationen mit der frühpädagogischen Fachperson oder in Kleingruppen ist Manuel ein aufgeschlossener Junge. Spielsituationen oder Gespräche mit anderen Kindern finden hingegen selten statt.

Vor allem Verständnisschwierigkeiten stellen ein Hindernis für die soziale Interaktion dar. Manuels Aussprache ist undeutlich. Zudem ersetzt er für ihn schwierige Laute. So wird *gelb* zu /delb/, statt *kommt* sagt er /tommt/. Auch den Laut /sch/ bildet Manuel noch nicht und ersetzt ihn durch /s/ (/Flasenteist/ statt *Flaschengeist*).

Im Bereich des Wortschatzes lässt sich ablesen, dass Manuel Wörter des Alltags bereits gut kennt. Nur besondere Wörter verwendet er noch falsch, kennt spezifische Wortbedeutungen nicht oder kann diese nicht abrufen. Wenn ihm ein Wort fehlt, umschreibt er es oder zeigt darauf. Bei einem falsch verwendeten Wort ist Manuel bemüht, die Äußerung neu zu formulieren.

Betrachtet man abschließend die Ebene der Grammatik, lassen sich Stärken und Schwierigkeiten beschreiben. Manuel spricht in kurzen, teilweise noch unvollständigen Sätzen (Zwei- bis Drei-Wort-Äußerungen). Dabei gelingt es ihm, das Verb in die richtige Form und an die zweite Position zu setzen. Nebensätze bildet er noch nicht. Schwierigkeiten bereiten ihm auch Zeitformen und die kleinen grammatischen Wörter, wie Artikel und Präpositionen.

Um Manuel entsprechend seiner Fähigkeiten alltagsintegriert zu fördern, ergeben sich folgende Schwerpunkte: Mit den Techniken der Modellierung können die sprachlichen Äußerungen von Manuel bestärkt und lautsprachlich korrigiert werden. Dabei ergibt sich auch die Gelegenheit zur Wortschatzförderung. Der Gesprächsbeitrag wird aufgegriffen und um neue Wörter erweitert. Grammatisch komplexe Strukturen wie Nebensätze können über Fragen aktiviert werden. Darüber hinaus wäre es denkbar, auch andere Kinder in die Sprachförderung einzubinden. Manuel soll mit der Redirect-Technik darin bestärkt und unterstützt werden, mit anderen Kindern zu sprechen. Für einen gemeinsamen Gesprächsanlass könnte das Interesse an (Bilder-)Büchern aufgegriffen werden.

Beobachtung zu Sophia

Sophia (4;10 Jahre) weist laut der frühpädagogischen Fachperson keine sprachlichen Auffälligkeiten auf. Sie erzählt sehr gerne in der Einrichtung und wird als kommunikatives Mädchen beschrieben. Dennoch soll auch Sophia immer wieder sprachlich herausgefordert werden. Die frühpädagogische Fachperson möchte deshalb die im Alltag auftretenden Themen nutzen, um mit Sophia in einen Dialog zu treten. Durch Sophias Erzählfreude ist es auch möglich, sie zu ihren Erlebnissen außerhalb der Einrichtung berichten zu lassen. Dadurch kann die frühpädagogische Fachperson immer wieder mit einer Modellierung reagieren oder neue Wörter anbieten. Auch in der sprachlichen Form lassen sich nächste Entwicklungsschritte anbahnen. So könnte Sophia ihre Erzählungen mit Nebensätzen erweitern oder auch von zukünftig geplanten Ereignissen berichten (Förderschwerpunkt: Zeitformen).

8.2 Der entwicklungsangemessene Einsatz der Sprachförderstrategien

In gemütlicher Atmosphäre betrachtet die frühpädagogische Fachperson mit Manuel und Sophia eine Bildergeschichte. Ziel dieser Kleingruppensituation ist es, miteinander in den Dialog zu treten. Dazu sollen die Kinder eigene Gedanken entwickeln und Gesprächsbeiträge formulieren. Die frühpädagogische Fachperson bietet währenddessen sprachliche Strukturen an und verbessert oder erweitert die bestehenden.

BEISPIEL

Fachperson:	Ja was macht jetzt der Paul da?
Manuel:	Der hüpft Boot lein.
FP:	Genau. Der Paul hüpft ins Boot rein.
M:	Holzboot.
FP:	Ein Holzboot, ja. (*zeigt auf Bild*) Und womit bewegt man dieses Boot vorwärts?
Sophia:	Sie müssen so machen mit den Stöcken. (*macht Ruderbewegung vor*)
FP:	Genau ja, sie rudern mit zwei Rudern. Darum heißt das Ruderboot. Kannst du auch so rudern wie der Paul?
M:	Ja. (*macht die Ruderbewegung auch vor*) Der kann wegswimmen.
FP:	Aha. Mit dem Ruder kann er rudern und da kann man weg, so wie du sagst, wegschwimmen.
S:	(–) bei dem Wickie haben die viele Ruder.
FP:	Beim Wickie haben die ganz große Schiffe mit vielen Rudern. Bist du auch schon mal auf so einem Boot, mit so einem Ruderboot gefahren?
S:	Ich bin auch schon mal so eins gefahren und auf einem Drehboot.
FP:	Aha.
S:	Da muss man immer so drehen.
FP:	Du meinst ein Tretboot, und das ist aber ein Ruderboot. (*zeigt auf das Ruderboot*) Womit muss man denn da rudern?
M:	Mit das da. (*macht Ruderbewegungen*)
FP:	Genau mit den Rudern.

Im Folgenden werden die verschiedenen Strategien anhand des Beispiels erläutert. Es zeigt sich, dass sich gewisse Strategien gegenseitig bedingen oder ineinander übergreifen.

Im Dialog

Die Herausforderung im vorliegenden Gesprächsausschnitt bestand darin, den Dialog mit zwei Kindern, die in ihrem Spracherwerb sehr unterschiedlich weit fortgeschritten sind, zu vertiefen. Die frühpädagogische Fachperson erweitert den Dialog ausgehend von der Bildgeschichte auf das weiterführende Gesprächsthema *Boot*. Dieses Vorgehen ist exemplarisch für die dialogische Gesprächsführung. Anstatt die Geschichte einfach weiterzuerzählen, wird das Thema vertieft. Es gelingt der frühpädagogischen Fachperson, das Interesse der Kinder zu wecken und das Thema über 17 Sprecherwechsel aufrechtzuerhalten.

FP: Ja was macht jetzt der Paul da?
M: Der hüpft Boot lein.
FP: Genau. Der Paul hüpft ins Boot rein.

Die genauere Betrachtung eines Bildes bietet Anlass für verschiedene Gesprächsthemen. Ein Aspekt ist die Geschichte des Jungen Paul. Es wird danach gefragt, was der Junge macht, um die Absichten einer Figur der Geschichte zu beleuchten. Manuels Äußerung nimmt Bezug auf das Bild und er bringt das Boot ins Gespräch ein.

M: Holzboot.
FP: Ein Holzboot, ja. (*zeigt auf Bild*) Und womit bewegt man dieses Boot vorwärts?
S: Sie müssen so machen mit den Stöcken. (*macht Ruderbewegung vor*)

Die frühpädagogische Fachperson wartet kurz ab, was kommt. Gemeinsam wird das Bild weiter betrachtet, bis sich Manuel mit *Holzboot* spontan äußert. Das Thema scheint den Jungen zu interessieren, da er diesen Aspekt erneut aufgreift. Die Fachperson geht darauf ein und stellt eine vertiefende Frage zur Fortbewegungsart des Bootes. Durch die Frage angeregt, erklärt Sophia wie gerudert wird. Da sie das Wort nicht kennt, benutzt sie Gesten. Durch diese Frage hat die Fachperson den Kindern einen Hinweis gegeben bzw. ein Gerüst angeboten (*Scaffolding*). Zusätzlich hat sie auf die Ruder als ein Merkmal des Ruderboots gezeigt. Die Kinder wurden dadurch angeregt, mitzudenken und zu kombinieren. Sie wurden darin unterstützt, selbstständig auf das richtige Wort oder die richtige Erklärung zu kommen.

FP: Genau ja, sie rudern mit zwei Rudern. Darum heißt das Ruderboot. Kannst du auch so rudern wie der Paul?

(...)

FP: (...) Bist du auch schon mal auf so einem Boot, mit so einem Ruderboot gefahren?

Damit Manuel beim Thema bleibt und nicht abschweift, hat ihn die frühpädagogische Fachperson aktiv ins Gespräch einbezogen. Er sollte die Ruderbewegung nachahmen. Anschließend wurde durch eine Frage eine Verknüpfung von der Bildgeschichte zur Lebenswelt der Kinder hergestellt.

Insgesamt schafft es die frühpädagogische Fachperson, mit den Kindern ein Thema zu erweitern. Es handelt sich nicht um ein Lehrgespräch, sondern die Kinder konnten eigene Gedanken entwickeln und ihre Erfahrungen einbringen. Manuel mit seinen sprachlichen Schwierigkeiten und die sehr sprachkompetente Sophia sind gleichberechtigte Gesprächspartner der frühpädagogischen Fachperson. Sie werden durch entwicklungsangemessene Fragen individuell dazu angeregt, sich aktiv am Gespräch zu beteiligen.

Entwicklungsangemessenheit der Strategie Dialog

- **Dialog führen:**
  - Themen der Kinder aufgreifen
  - Dem Kind Sprechgelegenheiten geben
  - Dem Kind Zeit lassen

Im Beispiel ist es der frühpädagogischen Fachperson gelungen, mit beiden Kindern über mehrere Sprecherwechsel zum gleichen Thema im Dialog zu bleiben. Die Strategien wurden entwicklungsangemessen eingesetzt. Die offene Haltung für die Themen der Kinder hat dazu geführt, dass eigene Beiträge eingebracht wurden. An diese Beiträge konnte die frühpädagogische Fachperson anknüpfen und sie vertiefen. Um die Aufmerksamkeit von Manuel zu sichern, kam die Fachperson immer wieder zum Bild zurück und unterstützte ihn durch die Zeigegeste, damit er dem Gesprächsinhalt folgen konnte. Für Sophia ist es angebracht, wenn das Gespräch bereits über die aktuelle Situation hinausgeht. Dies wird mit der Frage, ob sie denn schon mal mit so einem Boot gefahren sei, realisiert.

- **Dialog erweitern:**
  - Scaffolding

- Qualitätsmerkmal längere Dialoge
- Die Fachperson bringt Inputs ein
- Dialog mit Spielelementen anreichern

Das Qualitätsmerkmal des langen Dialogs konnte die Fachperson erfüllen. Ihre eigenen Inputs haben den Gesprächsverlauf zwar gelenkt, aber den Kindern wurde nicht der Raum für ihre eigenen Beiträge genommen.
Grundsätzlich hätte mit Sophia das Thema noch weiter vertieft werden können. Sie kennt viele Begriffe rund um das Thema Boot und könnte noch weiteres Wissen aufbauen. Fragen zu weiteren Merkmalen des Tretbootes wären in Betracht gekommen. Dabei wäre eventuell die Sprache auf die Ähnlichkeit der Fortbewegungsart in Bezug zu einem Fahrrad gekommen.
Auch Manuel wurde dazu motiviert, eigene Beiträge ins Gespräch einzubringen. Bei ihm wäre eine Frage bezüglich seiner Erfahrungen mit einem Ruder- oder Tretboot angemessen gewesen. Vielleicht würde er dann davon berichten, dass er mit einem Motorboot gefahren ist und es ergäben sich wieder neue Anknüpfpunkte für weiterführende Themen.
Besonders für Manuel ist ein Versprachlichen der Handlungen wichtig. In diesem Beispiel wäre es angebracht gewesen, wenn die frühpädagogische Fachperson die Gesten der Kinder wie das Rudern aufgenommen hätte. Sophia hätte zeigen können, wie sie mit dem Tretboot gefahren ist. Anschließend wäre ein Nachspielen der Erlebnisse mit Elementen des Ruderns und Steuerns möglich. Dies könnte die Kinder dazu animieren, die Erfahrungen des Dialogs ins Spiel zu übertragen.

Redirect

Durch gezielte Fragen werden beide Kinder immer wieder in das Gespräch einbezogen. Es kann allerdings nicht von einem Gespräch der Kinder untereinander gesprochen werden, sondern vielmehr von zwei parallel ablaufenden Dialogen zum gleichen Thema. Die Strategie des Redirects, welche die Kinder untereinander in einen Dialog verwickeln möchte, konnte somit in dieser Situation nicht beobachtet werden.

Entwicklungsangemessenheit der Strategie Redirect

Um die Kinder auch untereinander in einen Dialog zu bringen, könnte die frühpädagogische Fachperson im Gespräch über eine Bildgeschichte ein Redirect einsetzen. Sie hat beobachtet, dass das gemeinsame Spiel von Manuel mit anderen

Kindern eher selten vorkommt. Manuel hat Mühe, sich so auszudrücken, dass er im Spiel verstanden wird. Dies führt manchmal zu Missverständnissen, weshalb er sich aus dem Spiel zurückzieht und keine neue Interaktion initiiert. Die Kommunikation der Kinder untereinander könnte darum auch im Rahmen einer dialogischen Bildbetrachtung gefördert werden. Im Gesprächsverlauf ist nicht ersichtlich, ob die Äußerungen eines Kindes zum Thema *Boot* vom anderen Kind verstanden werden. Es ist unklar, ob Manuel Wickie, von dem Sophia erzählt, auch kennt. Die Fachperson könnte Manuel fragen, ob er weiß, wer Wickie ist. Falls nicht, hätte ein Redirect an Manuel gerichtet werden können, mit dem Vorschlag, dass er doch Sophia fragen soll, wer Wickie ist. Durch die Frage von Manuel an Sophia wird eine Interaktion der Kinder untereinander angeregt. Manuel lernt dadurch, dass er nachfragen kann, wenn er etwas nicht verstanden hat. Sophia wiederum erhält die Möglichkeit, sich weiter zu äußern. Außerdem bleibt im Dialog unklar, ob Manuel schon mal ein Tretboot gesehen hat. Da Sophia dieses bereits kennt und über gute sprachliche Kompetenzen verfügt, hätte durch ein weiteres Redirect an Manuel: *Frag Sophia, erzählst du mir bitte, wie das Tretboot aussieht*, die Erklärung von Sophia direkt an Manuel gerichtet werden können. Dies hilft den Kindern im Gespräch aufeinander einzugehen und stellt sicher, dass das andere Kind versteht, worüber gesprochen wird. Gleichzeitig wird die Perspektivenübernahme im Gespräch unterstützt. Die Übernahme von Perspektiven stellt in diesem Alter einen entscheidenden Erwerbsschritt im Bereich der Pragmatik-Kommunikation (*Erzählentwicklung*) dar.

Wortschatzförderung

Im Fokus des Dialogbeispiels steht die Erarbeitung verschiedener Begriffe im Zusammenhang mit dem Boot, das auf dem Bild abgebildet ist.

BEISPIEL

M: Holzboot.

FP: Ein Holzboot, ja. (*zeigt auf Bild*) Und womit bewegt man dieses Boot vorwärts?

S: Sie müssen so machen mit den Stöcken. (*macht Ruderbewegung vor*)

FP: Genau ja, sie rudern mit zwei Rudern. Darum heißt das Ruderboot. (…)

Manuel bringt das Wort *Holzboot* ein, das die frühpädagogische Fachperson bestätigt. Da es sich dabei aber noch nicht um die exakte Bezeichnung des Bootes handelt, zeigt sie nun auf ein wichtiges Merkmal und lenkt damit die

Aufmerksamkeit der Kinder darauf. Mit der Frage über die Fortbewegungsart des Boots möchte die frühpädagogische Fachperson herausfinden, ob die Kinder bereits ein spezifisches Wort kennen. Die Kinder sollen einen sehr allgemein verwendeten Begriff ersetzen durch ein Wort, welches den Gegenstand genauer beschreibt. Sophia kennt die Art der Fortbewegung und macht diese vor. Diese Geste versprachlicht die frühpädagogische Fachperson, indem sie die beiden Wörter *rudern* und *Ruder* verwendet und abschließend den passenden Begriff *Ruderboot* einführt.

> S: (…) bei dem Wickie haben die viele Ruder.
> FP: Beim Wickie haben die ganz große Schiffe mit vielen Rudern. Bist du auch schon mal auf so einem Boot, mit so einem Ruderboot gefahren?
> S: Ich bin auch schon mal so eins gefahren und auf einem Drehboot.

Nachdem die frühpädagogische Fachperson das Wort *Ruder* eingeführt hat, stellt Sophia eine Verknüpfung dazu her. Sophia erzählt von der Filmfigur *Wickie*. Die Fachperson greift diese Äußerung auf, die über den Kontext der aktuellen Bildsituation hinausgeht. Zur Begriffserarbeitung und Vertiefung sind solche Erlebnisse der Kinder zentral. Daher stellt die Fachperson nun einen Bezug zu Sophias Lebenswelt her. Sie will wissen, ob das Mädchen schon mal Ruderboot gefahren ist. Indem das Wort Ruderboot wiederholt wird, führt sie das Thema weiter. Sie geht davon aus, dass beide Kinder mit dem Hinweis auf die Ruder die Worthülse *Ruderboot* dem richtigen Objekt zuordnen können. Sofort erzählt Sophia von einem *Drehboot*, eine Wortneuschöpfung, die aber unter Einbezug der Erklärung verständlich ist.

> S: Da muss man immer so drehen.
> FP: Du meinst ein Tretboot, und das ist aber ein Ruderboot. (*zeigt auf das Ruderboot*) Womit muss man denn da rudern?
> M: Mit das da. (*macht Ruderbewegungen*)
> FP: Genau mit dem Ruder.

Die frühpädagogische Fachperson bietet dem Kind sogleich den adäquaten Begriff *Tretboot* an und wiederholt gleichzeitig nochmals das Wort *Ruderboot* mit dem Hinweis, dass es sich um unterschiedliche Arten von Booten handelt. Schließlich wird erneut nach dem Wort *Ruder* gefragt, worauf ersichtlich wird, dass Manuel dieses Wort noch nicht abgespeichert hat. Immerhin hat er bereits eine Vorstellung davon, was seine Ruderbewegung zeigt. Die frühpädagogische Fachperson wiederholt daher das Wort *Ruder* noch einmal, um die Festigung des Wortes sicherzustellen.

Entwicklungsangemessenheit der Strategie Wortschatzförderung

- **Wortschatz anbieten**: Da Sophia im Bereich des Wortschatzes altersentsprechend entwickelt ist, liegt bei ihr ein Förderschwerpunkt auf der Vermittlung von spezifischen Wörtern. Im Gespräch sind Wortneuschöpfungen aufgefallen, die als kreative Kommunikationsstrategie zu werten sind. Dennoch soll Sophia die gängigen Begriffe kennenlernen. Darauf hat die Fachperson im Gespräch sehr gut geachtet. Das unübliche Wort *Drehboot* hat sie zum *Tretboot* umbenannt. Auch Manuel konnte insgesamt von der Gesprächssituation zur Bildergeschichte profitieren. Er hat neue Wörter wie Ruder und Ruderboot angeboten bekommen.
- **Wortschatz erarbeiten:** Da einige Wörter in der Buchsituation für die Kinder neu waren, konnte die frühpädagogische Fachperson anhand der bildlichen Darstellung auf spezifische Merkmale des Ruderbootes verweisen, die für die Erarbeitung der Begriffsnetzwerke des Wortschatzes von großer Bedeutung sind. Das Wort *Ruderboot* hat sie unter anderem dadurch veranschaulicht, indem sie auf die Ruder gezeigt hat.

Um bei Manuel sicherzustellen, dass er das Wort *Ruder* mit viel Inhalt füllen kann, hätte die Erarbeitungsphase noch etwas ausgebaut werden können. Eine bessere Demonstration der Ruderbewegung und eine Ausarbeitung weiterer Merkmale davon wäre eine Möglichkeit gewesen. Die Kinder hätten diese Bewegung nachahmen können. Bei Sophia war es angemessen, dass Merkmale erklärt werden, wenn sie nicht auf einem Bild gezeigt werden können.

- **Wortschatz festigen:** Auch die Phase der Festigung kam in dem Beispiel vor. Die neuen Wörter wurden bereits wiederholt (*Ruder, Ruderboot*). Sehr anregend für Sophia war der Lebensweltbezug zum Ruderboot. Vielleicht hätte auch bei Manuel versucht werden können, einen Lebensweltbezug zum Thema herzustellen. Ihm würde das Abspeichern eines neuen Wortes leichter fallen, wenn eine Verknüpfung zu einem anderen Kontext hergestellt werden kann.

Bei Sophia wäre eine Vertiefung beim Wort *Tretboot* wünschenswert gewesen. Sie hat bereits ein Konzept eines Tretboots aufgebaut, da sie ein eigenes Erlebnis damit hatte. Dennoch hätten mit ihr noch weitere Merkmale ausgearbeitet werden können, z. B. dass man mit Pedalen treten muss, wie wenn man Fahrrad fährt.

Fragen

FP: Ja was macht jetzt der Paul da?
M: Der hüpft Boot lein.

Die frühpädagogische Fachperson leitet den Gesprächsabschnitt mit einer Ergänzungsfrage ein. Mit der Frage *Was macht jetzt der Paul da?* lenkt sie die Aufmerksamkeit der Kinder auf einen gemeinsamen Bildpunkt und kann herausfinden, welche Wörter die Kinder schon kennen. Die Fachperson erhält damit einen ersten Einblick in das sprachliche Vermögen (u. a. zum Wortschatz). Der interessensbezogene Begriff *Boot* wurde mit der *W*-Frage aktiviert. Manuel antwortet *Der hüpft Boot lein*. Nun kann sich ein vertiefender Dialog zu Booten anschließen.

FP: Ein Holzboot, ja. (*zeigt auf Bild*) Und womit bewegt man dieses Boot vorwärts?
S: Sie müssen so machen mit den Stöcken. (*macht Ruderbewegung vor*)

Mit der Frage *Womit bewegt man dieses Boot vorwärts?* werden die Kinder zum Weiterdenken angeregt und besondere Merkmale zum neuen Wort *Ruderboot* gesammelt.

BEISPIEL

FP: Genau ja, sie rudern mit zwei Rudern. Darum heißt das Ruderboot. Kannst du auch so rudern wie der Paul?
M: Ja. (*macht die Ruderbewegung auch vor*) Der kann wegswimmen.
(…)
FP: Beim Wickie haben die ganz große Schiffe mit vielen Rudern. Bist du auch schon mal auf so einem Boot, mit so einem Ruderboot gefahren?
S: Ich bin auch schon mal so eins gefahren und auf einem Drehboot.

Im weiteren Verlauf stellt die frühpädagogische Fachperson einen Bezug zur Lebenswelt her. Die Entscheidungsfragen *Kannst du auch so rudern wie der Paul?* und *Bist du auch schon mal auf so einem Boot, mit so einem Ruderboot gefahren?* fordern die Kinder zur Zustimmung oder Ablehnung auf. Zugleich aktivieren sie die Erinnerung und regen an, eigene Gedanken zu entwickeln und einzubringen (*Ich bin auch schon mal so eins gefahren und auf einem Drehboot.*).

In diesem Frage-Antwort-Dialog zeigt sich, dass die Fragen der frühpädagogischen Fachperson eng mit der Wortschatzförderung verbunden sind. Die Ergänzungsfragen aktivieren einzelne Wörter und regen dazu an, diese auszusprechen. Manuel benennt die Bildobjekte entsprechend der Frage (Wortschatzaufbau), wohingegen Sophia die Antwort noch erweitert, einen Satz formuliert oder weiterführende Gedanken ergänzt (Wortschatzerweiterung). Darüber hinaus stellt die Fachperson einen Bezug zur kindlichen Lebenswelt her. Mit der Entscheidungsfrage *Bist du auch schon mal auf so einem Boot, mit so einem Ruderboot gefahren?* wird das Wort *Ruderboot* vom Bild gelöst und in einen neuen Kontext gesetzt.

FP: (…) Womit muss man denn da rudern? (*zeigt auf das Ruderboot*)
M: Mit das da. (*macht Ruderbewegungen*)
FP: Genau mit dem Ruder.

Im Bemühen um Wortschatzförderung bleiben grammatische Strukturen in den ersten Fragen weitestgehend unberücksichtigt. Davon ausgenommen ist letzte Frage *Womit muss man denn da rudern?* Mit dieser Ergänzungsfrage verbindet die frühpädagogische Fachperson erfolgreich die Bereiche Wortschatz und Grammatik. Sie erfragt noch einmal den spezifischen Begriff *Ruder* und drängt darauf, das Wort in eine Wortgruppe (*mit einem Ruder*) einzubetten.

Entwicklungsangemessenheit der Strategie Fragen

Speziell Manuel profitiert davon, wenn besondere Satzstrukturen mit Fragen herbeigeführt werden. Häufig spart er kleine grammatische Wörter wie Präpositionen aus oder verwendet sie falsch, sodass ihm die Frage mit Präposition eine Hilfestellung bietet. Er kann das geforderte Wort abhören und in seiner Antwort aufgreifen (*mit das da*). Wenngleich es ihm nicht gelingt, das neue Wort *Ruder* abzurufen, stellt sich zumindest auf Satzebene ein Erfolg ein. Manuel nutzt eine Präposition und markiert sie im richtigen Fall.

Um auch Sophia entwicklungsangemessen zu unterstützen, wären Ergänzungsfragen hilfreich, die spezifische Merkmale zum Bildobjekt erfragen: Wieso ist das ein besonderes Boot?

Für Manuel und Sophia können **Alternativfragen** ein unterstützendes Gerüst (*Scaffolding*) bieten. Die frühpädagogische Fachperson formuliert dabei Antwortalternativen, die vom Kind ausgewählt und reproduziert werden. Übernimmt bislang die Pädagogin eine inhaltliche Korrektur (*Du meinst ein Tretboot, das ist aber ein Ruderboot.*), kann die Unterscheidung der Bootsformen auch an Sophia weitergeleitet werden. Die Alternativfrage stellt dazu die zwei Begriffe einander gegenüber. Sophia soll den zutreffenden Begriff auswählen und wiederholen (*Und womit fährt Paul – mit einem Tretboot oder einem Ruderboot?*). Der Mehrwert liegt vor allem im Sprachmodell. Um den Wortschatz von Sophia und Manuel zu erweitern, können neue Wörter in der Antwortmöglichkeit präsentiert werden. Zudem bereiten vorgegebene Satzstrukturen den Übergang zur nächsten Erwerbsphase vor. Damit wäre es möglich, bei Manuel den Grammatikerwerb zu beschleunigen (*Und womit bewegt man dieses Boot vorwärts, mit dem Ruder oder mit dem Segel?*).

Modellierung

M: Der hüpft Boot lein.
FP: Genau. Der Paul hüpft ins Boot rein.

Ein wesentlicher Aspekt der Modellierungstechniken ist die Fokussierung auf den Inhalt der kindlichen Äußerungen. Die frühpädagogische Fachperson bestätigt primär Manuels Aussage. Sie zeigt dadurch ihr Interesse an dem Gesagten und motiviert die Kinder weiterzuerzählen. Damit wird auch eine dialogfördernde Strategie verfolgt. Gleichzeitig erweitert sie Manuels unvollständigen Satz. Sie ergänzt den Satz mit der fehlenden Präposition *ins*. Eine verbesserte Wiederholung (*korrektives Feedback*) findet beim Wort *rein* statt. Ohne Manuel auf den fehlerhaften Laut hinzuweisen, wiederholt sie das Wort einmal richtig.

M: Holzboot.
FP: Ein Holzboot, ja.

Auch bei der nächsten Äußerung von Manuel kommt eine Erweiterung des Satzteils vor (*Holzboot* wird *zu ein Holzboot*), indem der Artikel zu einem Nomen ergänzt wird.

S: Sie müssen so machen mit den Stöcken. *(macht Ruderbewegung vor)*
FP: Genau ja, sie rudern mit zwei Rudern.

Als nächstes bietet die frühpädagogische Fachperson Sophia auf der Wortebene eine indirekte Verbesserung (*korrektives Feedback*) an. Sie unterstützt Sophia in ihrem Wortschatzerwerb, indem sie das nicht zielsprachliche Wort Stöcke durch den richtigen Begriff *Ruder* ersetzt, ohne das Mädchen direkt darauf hinzuweisen. Gleichzeitig nimmt sie eine inhaltliche Erweiterung vor. Dadurch wird das Mädchen in die Zone der nächsten Entwicklung geführt, indem sie eine neue Informationen zu einem Verb (*rudern*) bekommt.

Insgesamt hat die frühpädagogische Fachperson viele Äußerungen der Kinder aufgegriffen und entweder erweitert oder in verbesserter Form wiedergegeben. Die Situation kann auf der Ebene der Modellierungstechniken als sehr sprachanregend gewertet werden. Die Modellierungstechniken werden auf der Ebene des Satzes und der Grammatik gezielt eingesetzt. Sie sind zudem ein Bestandteil der Wortschatzförderung, der Förderung auf der Lautebene und dienen zur Unterstützung im Dialog.

Entwicklungsangemessenheit der Strategie Modellierung

- **Erweiterung des Inhalts:** Das Beispiel veranschaulicht gut, dass viele Äußerungen, die formal gesehen richtig sind, inhaltlich erweitert wurden. Durch eine neue inhaltliche Information im Satz lernen die Kinder, ihre Sprache zu variieren und flexibel einzusetzen. Besonders Kinder mit weiter fortgeschrittenen Sprachkompetenzen, wie z.B. Sophia, können so zusätzlich angeregt werden. Sophias Äußerungen dürfen daher möglichst oft inhaltlich ergänzt werden. Weiterführende Erklärungen reichern ihre Aussagen an und bieten ihr die Chance, neue Hinweise über Satzstrukturen, unbekannte Wörter und letzten Endes auch sachliche Informationen zu bekommen. Zum Beispiel wäre diese Erweiterung möglich gewesen: *Du meinst ein Tretboot, auf dem man mit den Beinen treten muss.* Die Techniken des Modellierens nehmen nicht nur eine korrigierende Funktion ein, sondern können bei guten sprachlichen Fähigkeiten auch die Bereiche Wortschatz und Grammatik erweitern.
- **Vervollständigung des Satzes:** Bei Manuel muss der Fokus zunächst auf die Vollständigkeit der Sätze gerichtet werden. Da er noch kurze und teilweise unvollständige Sätze bildet, sollten diese mit den fehlenden Satzteilen ergänzt werden, damit er die wichtigen grammatischen Strukturen aus dem Input herausziehen kann. Dabei dürfen die Sätze noch nicht zu lang werden. Die

Tab. 15: Alle Strategien im Überblick

	Beispiel	**Förderstrategie**
FP	Ja was macht jetzt der Paul da?	**Strategie 1: Dialog:** *Gesprächsimpuls* **Strategie 4: Fragen:** *Ergänzungsfrage*
M	Der hüpft Boot lein.	
FP	Genau. Der Paul hüpft ins Boot rein.	**Strategie 3: Modellierung:** *Extension* *Expansion* *verbesserte Wiederholung (Lautebene)*
M	Holzboot	
FP	Ein Holzboot, ja. Und womit bewegt man dieses Boot vorwärts? (zeigt auf Bild)	**Strategie 3: Modellierung:** *Expansion* **Strategie 4: Fragen:** *Ergänzungsfrage*
S	Sie müssen so machen mit den Stö-cken. (macht Ruderbewegung vor)	
FP	Genau ja, sie rudern mit zwei Rudern. Darum heißt das Ruderboot. Kannst du auch so rudern wie der Paul?	**Strategie 3: Modellierung:** *Extension* **Strategie 2: Wortschatz anbieten:** *spezifischer Begriff* **Strategie 4: Fragen:** *Entscheidungsfrage* **Strategie 2: Wortschatz festigen:** *Repetition (Ruder)*
M	Ja. (macht die Ruderbewegung auch vor) Der kann wegswimmen.	
FP	Aha. Mit dem Ruder kann er rudern und da kann man weg, so wie du sagst, wegschwimmen.	**Strategie 3: Modellierung:** *Extension* *verbesserte Wiederholung (Lautebene: /sch/)*
S	() bei dem Wickie haben die viele Ruder.	**Strategie 1: Dialog:** *Gesprächsbeitrag vom Kind*
FP	Beim Wickie haben die ganz große Schiffe mit vielen Rudern. Bist du auch schon mal auf so einem Boot, mit so einem Ruderboot gefahren?	**Strategie 3: Modellierung:** *Extension* **Strategie 1: Weiterführender Dialog** **Strategie 4: Fragen:** *Entscheidungsfrage* **Strategie 2: Wortschatz festigen:** *Repetition* (Ruderboot) *Lebensweltbezug*

(Fortsetzung) **Tab. 15:** Alle Strategien im Überblick

	Beispiel	**Förderstrategie**
S	Ich bin auch schon mal so eins gefahren und auf einem Drehboot.	
FP	Aha.	
S	Da muss man immer so drehen.	
FP	Du meinst ein Tretboot, und das ist aber ein Ruderboot. Womit muss man denn da rudern? (zeigt auf das Ruderboot)	**Strategie 3: Modellierung:** *verbesserte Wiederholung (Wortebene)* **Strategie 2: Wortschatz anbieten:** *spezifischer Begriff* (Tretboot) **Strategie 2: Wortschatz festigen**: *Repetition* (Ruderboot) **Strategie 4: Fragen:** *Ergänzungsfrage*
M	Mit das da. (macht Ruderbewegungen)	
FP	Genau mit den Rudern.	**Strategie 2: Wortschatz festigen:** *Repetition* (Ruder) *Extension*

frühpädagogische Fachperson hat diese Maßnahmen in seinem Fall sehr entwicklungsangemessen umgesetzt. Der letzte Satz von Manuel (*Mit das da.*) wurde zum Beispiel nicht gleichzeitig inhaltlich und grammatisch erweitert. Manuel ersetzt häufig fehlende Wörter mit allgemeinen Formulierungen oder umschreibt diese. An diesem Förderschwerpunkt setzt die frühpädagogische Fachperson an. Sie greift Manuels Äußerung auf und ergänzt sie nur auf der Wortebene. Erst in einem nächsten Schritt würde es sich anbieten, das Wort auch in einen Satz einzubauen (*Mit dem Ruder rudert er.*).

- **Verbesserte Wiederholung (Lautebene, Wortebene, Grammatik):** Die Modellierungstechnik der verbesserten Wiederholung wurde für beide Kinder angemessen eingesetzt. Manuel wies an einer Stelle eine Schwierigkeit bei der Lautproduktion auf. Indem das Kind die gleichen Laute oder Lautverbindungen immer wieder hört, kann es sie besser in sein Gedächtnis aufnehmen und mit der Zeit erkennen, wann seine eigenen Laute nicht angemessen waren. Sophia konnte den richtigen Begriff hören, ohne dass sie auf das von ihr falsch verwendete Wort hingewiesen wurde. Sie wurde dadurch in ihrem Denkprozess nicht unterbrochen, erhielt aber dennoch die richtigen Wörter.

8.3 Schlusswort

Sprachförderprogramme haben sich als eingeschränkt wirksam erwiesen (Sachse et al. 2012; Gasteiger-Klicpera et al. 2010; Gretsch/Fröhlich-Gildhoff 2012). Vielmehr lernen Kinder das Sprechen im Alltag und am Alltag orientiert. In einer Einrichtung bieten sich unzählige Gelegenheiten, mit Kindern ein Gespräch zu führen oder sie untereinander in den Austausch zu bringen. Umso wichtiger ist es, dass sprachliche Bildungsangebote möglichst früh erkannt und aufgegriffen werden (König/Friederich 2014).

In die Bildungsangebote im Alltag von Kindergärten, Kitas und Spielgruppen können verschiedenste Strategien der Sprachförderung eingebettet werden. Mit ihnen gelingt es, einen alltagsintegrierten sprachförderlichen Dialog für Kinder auf unterschiedlichstem Entwicklungsstand zu gestalten. Der frühpädagogischen Fachperson im Sinne eines einfühlsamen Kommunikationspartners und Sprachvorbilds kommt so eine entscheidende Rolle in der sprachlichen Förderung aller Kinder zu.

Sprachförderung beruht auf Sensibilität und Bewusstsein für das eigene sprachförderliche Verhalten, um den nächsten wichtigen Lernschritt des Kindes erfolgreich zu begleiten. Dafür ist die präzise Beobachtung im Vorfeld von zentraler Bedeutung. Nur mit dem Wissen, auf welchem Sprachniveau sich ein Kind befindet, kann eine Strategie entwicklungsangemessen einsetzt werden. Nach der sorgfältigen Beobachtung erfolgt der Einsatz verschiedener Strategien. Diese lassen sich durch die frühpädagogische Fachperson erlernen und anwenden. Sie sollte dabei alle Strategien routiniert beherrschen und der jeweiligen Situation angepasst einsetzen und kombinieren können. Im Alltag der Einrichtung finden viele Dialoge mit Kindern statt, die zum Einüben der vorgestellten Strategien nutzbar sind. Sprachförderung kann nur wirksam werden, wenn die Fachpersonen wissen,

> *„welche Unterstützung und welche sprachlichen Informationen ein Kind gerade aktuell benötigt, wenn sie wissen, wie sie die erforderliche Unterstützung und die erforderlichen Informationen kindgerecht bereitstellen können, und wenn sie wissen, wie die Interaktion mit dem Kind gestaltet sein muss, damit ein Kind diese Unterstützung auch annehmen kann" (Ruberg/Rothweiler 2012, 19f.).*

Den Teilnehmerinnen im Projekt Sprima wurde ein Erinnerungskalender ausgehändigt, damit die Strategien während der Sprachförderarbeit präsent bleiben (Bastelanleitung Erinnerungskalender im Online-Material).

Die alltagsintegrierte und am Dialog orientierte Sprachförderung ist somit eine erprobte Methode, um allen Kindern, entsprechend ihrer Entwicklung, eine individuelle und optimale Spracherwerbsförderung zuteilwerden zu lassen.

9 Literatur

Adler, Y. (2011): Kinder lernen Sprache(n). Alltagsorientierte Sprachförderung in der Kindertagesstätte. Kohlhammer, Stuttgart

Ahnert, L. (2003): Die Bedeutung von Peers für die frühe Sozialentwicklung des Kindes. In: Keller, H. (Hrsg.): Handbuch der Kleinkindforschung. 3. Aufl. Huber, Bern, 493–528

Albers, T. (2009): Sprache und Interaktion im Kindergarten. Eine quantitativ-qualitative Analyse der sprachlichen und kommunikativen Kompetenzen von drei- bis sechsjährigen Kindern. Verlag Julius Klinkhardt, Bad Heilbrunn

Altmann, H. (1993): Satzmodus. In: Jacobs, J., Stechow, v. A., Sternefeld, W.: Syntax. Ein internationales Handbuch zeitgenössischer Forschung. De Gruyter Mouton, Berlin/New York, 1006-1029

Andresen, H. (2005): Vom Sprechen und Schreiben. Sprachentwicklung zwischen dem vierten und siebten Lebensjahr. Klett-Cotta, Stuttgart

Apeltauer, E. (2012): Wortschatzarbeit in mehrsprachigen Gruppen. In: http://www.lesefo-rum.ch/myUploadData/files/2012_1_Apeltauer.pdf, 24.04.15

Berg, M. (2011): Kontextoptimierung im Unterricht. Praxisbausteine für die Förderung grammatischer Fähigkeiten. 2., überarb. Aufl. Ernst Reinhardt Verlag, München/Basel

Bertau, M.-C. (2006): Zur spezifischen Bedeutung des Dialogs im Kontext der sozial-kommunikativen Funktion von Sprache. In: Jampert, K., Leuckefeld, K., Zehnbauer A., Best, P. (Hrsg.): Sprachliche Förderung in der Kita. Wie viel Sprache steckt in Musik, Bewegung, Naturwissenschaft und Medien? Verlag das Netz, Berlin, 22–27

Best, P., Laier, M., Jampert, K., Sens, A., Leuckefeld, K. (2011): Dialoge mit Kindern führen. Die Sprache der Kinder im dritten Lebensjahr beobachten, entdecken und anregen. Verlag das Netz, Weimar/Berlin

Bittner, D. (2000): Early Verb Development in One German-Speaking Child. In: Bittner, D., Dressler, W.U., Kiliani-Schoch, M. (Hrsg.): First Verbs: On the Way to Miniparadigms. ZAS-Papers in Linguistics 18, 21-38

Borke, J., Döge, P., Kärtner, J. (2011): Kulturelle Vielfalt bei Kindern in den ersten drei Lebensjahren. Anforderungen an frühpädagogische Fachkräfte. Eine Expertise der Weiterbildungsinitiative Frühpädagogische Fachkräfte (WiFF). Deutsches Jugendinstitut, München

Briedigkeit, E. (2011): Institutionelle Überformung sprachlicher Handlungsmuster. Realisation von Fragetypen im Erzieherin-Kind(er)-Diskurs. Empirische Pädagogik 25 (4), 499–517

Bröder, M. (2012): Sprachförderung in der Kita: ganzheitlich – individuell – integrativ. Leitfaden für die pädagogische Praxis. Herder, Freiburg i. Breisgau

Bunce, B.H. (1995). Building a Language-Focused Curriculum for the Preschool Classromm. Volume II. A Planning Guide. Brookes, Baltimore/London/Toronto/Sydney

Buschmann, A. (2011): Heidelberger Elterntraining zur frühen Sprachförderung. Trainermanual. Elsevier Urban & Fisher, München

Buschmann, A., Jooss, B. (2011): Alltagsintegrierte Sprachförderung in der Kinderkrippe. Effektivität eines sprachbasierten Interaktionstrainings für pädagogisches Fachpersonal. Verhaltenstherapie & psychosoziale Praxis 43 (2), 303–312

Clahsen, H. (1988): Normale und gestörte Kindersprache. John Benjamin, Amsterdam

Clahsen, H. (1986): Die Profilanalyse. Ein linguistisches Verfahren für die Sprachdiagnose im Vorschulalter. Edition Marhold, Berlin

Clark, E. (1993): The Lexicon in Acquisition. Cambridge University Press, Cambridge

Collins, A., Brown, J. S., Newman, S. E. (1987): Cognitive Apprenticeship: Teaching the Craft of Reading, Writing and Mathematics (Technical Report No. 403). BBN Laboratories, Cambridge, MA. Centre for the Study of Reading, University of Illinois

Dannenbauer, F. M.(2002): Grammatik. In: Baumgartner, S., Füssenich, I. (Hrsg.): Sprachtherapie mit Kindern. 5. Aufl. Ernst Reinhardt Verlag, München / Basel, 105–161

Dannenbauer, F. M. (1994): Zur Praxis der entwicklungsproximalen Intervention. In: Grimm, H., Weinert, S. (Hrsg.): Intervention bei sprachgestörten Kindern. Voraussetzungen, Möglichkeiten und Grenzen. Fischer, Stuttgart, 83–104

Dannenbauer, F.M. (1984): Techniken des Modellierens in einer entwicklungsproximalen Therapie für dysgrammatisch sprechende Vorschulkinder. Der Sprachheilpädagoge 16 (2), 35–49

Darsow, A., Paetsch, J., Felbrich, A. (2012): Konzeption und Umsetzung der fachbezogenen Sprachförderung im BeFo-Projekt. In: Jeuk, S., Schäfer, J. (Hrsg.): Deutsch als Zweitsprache in Kindertageseinrichtungen und Schulen. Fillibach bei Klett, Stuttgart, 215–234

Dickinson, D. K., Porche, M. V. (2011): Relation between Language Experiences in Preschool Classrooms and Children's Kindergarten and Fourth-Grade Language and Reading Abilities. Child Development 82 (3), 870–886

Fox, A. (2003): Kindliche Aussprachestörungen. Schulz-Kirchner, Idstein

Fried, L. (2013): Zur Qualität pädagogischer Sprachdiagnostik. In: Kieferle, C., Reichert-Garschhammer, E., Becker-Stoll, F. (Hrsg.): Sprachliche Bildung von Anfang an. Strategien, Konzepte und Erfahrungen. Vandenhoeck & Ruprecht, Göttingen, 228–248

Fried, L. (2009): Präventive Diagnose und Förderung der Sprachkompetenz von Kindern im Vor- und Grundschulalter. In: Hinz, R., Walthes R. (Hrsg.): Heterogenität in der Grundschule. Beltz, Weinheim, 83–90

Fried, L. (2006): Sprachförderung. In: Fried, L., Roux, S. (Hrsg.): Pädagogik der frühen Kindheit. Handbuch und Nachschlagewerk. Beltz, Weinheim, 173–178

Fried, L., Briedigkeit, E. (2008): Sprachförderkompetenz – Selbst- und Teamqualifizierung für Erzieherinnen, Fachberatungen und Ausbilder. Cornelson Scriptor, Berlin

Gasteiger-Klicpera, B., Knapp, W., Kucharz, D. (2010): Sprache fördern im Kindergarten. Umsetzung wissenschaftlicher Erkenntnisse in der Praxis. Beltz, Weinheim

Gibbons, P. (2002): Scaffolding Language, Scaffolding Learning: Teaching Second Language Learners in the Mainstream Classroom. Heinemann, London

Gibbons, P., Hammond, J. (2005): Putting Scaffolding to Work. The Contribution of Scaffolding in Articulating ESL Education. Prospect 20 (1), 6 – 30

Giel, B. (2007): Dysarthrie/Dysarthrophonie im Kindesalter – Entwicklungsdysarthrie. In: Schöler, H., Welling, A. (Hrsg.): Sonderpädagogik der Sprache. Handbuch Sonderpädagogik, Band 1. Hogrefe, Göttingen, 284 – 292

Glück, C. W. (2003): Semantisch-lexikalische Störungen bei Kindern und Jugendlichen. Therapieformen und ihre Wirksamkeit. Sprache – Stimme – Gehör 27, 125 – 134

Gretsch, P., Fröhlich-Gildhoff, K. (2012): Evalutation der Sprachfördermaßnahmen für 3-5jährige Kinder in der Stadt Freiburg. In: Fröhlich-Gildhoff, K. (Hrsg.): Forschung in der Frühpädagogik V. Schwerpunkt: Naturwissenschaftliche Bildung – Begegnung mit Dingen und Phänomenen. FEL, Freiburg i. Br., 275 – 304

Grimm, H. (2003): Störungen der Sprachentwicklung. 2. Aufl. Hogrefe, Göttingen

Grimm, H. (1985): Der Spracherwerb als Lehr-Lern-Prozess. Unterrichtswissenschaft 13 (1), 6 – 16

Gutknecht, D. (2012): Bildung in der Kinderkrippe. Wege zur professionellen Responsivität. Kohlhammer, Stuttgart

Hadley, P. A., Schuele, C. (1998). Facilitating Peer Interaction: Socially Relevant Objectives for Preschool Language Intervention. American Journal of Speech-Language Pathology 7 (4), 25 – 36

Hany, E. A. (1997): Entwicklungen vor, während und nach der Grundschulzeit. Literaturüberblick über den Einfluß der vorschulischen Entwicklung auf die Entwicklung im Grundschulalter. In: Weinert F. E., Helmke, A.(Hrsg.): Entwicklungen im Grundschulalter. Beltz, Weinheim, 291 – 405

Hart, B., Risley, T. R. (1995): Meaningful Differences in the Everyday Experience of Young American Children. Brookes, Baltimore

Hasselbach, P., Schakib-Ekbatan, K., Roos, J., Schöler, H. (2007): EVAS. Evaluationsstudie zur Sprachförderung von Vorschulkindern. Landesstiftung Baden-Württemberg, Heidelberg

Hauser, B. (2013): Spielen und Lernen. In: Fried, L., Roux, S. (Hrsg.): Pädagogik der frühen Kindheit. Cornelsen, Berlin, 241 – 249

Hollich, G., Hirsh-Pasek, K., Golinkoff, R. (2000): Breaking the Language Barrier. An Ermergenist Coalition Model for the Origins of Word Learning. Monographs of the Society for Research in Child Development 65 (3), 1 – 123

Hopf, M. (2012): Sustained Shared Thinking im frühen naturwissenschaftlichen Lernen. Waxmann, Münster

Jahn, T. (2007): Phonologische Störungen bei Kindern. 2. Aufl. Thieme, Stuttgart

Jakobson, R. (1941): Kindersprache, Aphasie und allgemeine Lautgesetze. Suhrkamp, Frankfurt a. M.

Jungmann, T. (2007): Frühförderung unter entwicklungspsychologischer Perspektive. In: Schöler, H., Welling, A. (Hrsg.): Sonderpädagogik der Sprache. Handbuch Sonderpädagogik, Band 1. Hogrefe, Göttingen, 722 – 746

Kammermeyer, G., Roux, S., Stuck, A. (2012): Abschlussbericht zum BMBF-Forschungsprojekt Förderung von Schriftspracherwerb und Mathematik in Kindergarten und Grundschule mit dem Pyramide-Ansatz. Universität Koblenz-Landau, Landau. In: www.uni-koblenz-landau.de/de/landau/fb5/bildung-kind-jugend/paedagogik-der-fruehen-kindheit/medien/abschlussbericht.pdf, 05.05.2015

Kannengieser, S. (2009): Sprachentwicklungsstörungen. Grundlagen, Diagnostik und Therapie. Elsevier, Urban & Fischer, München

Kannengieser, S., Kappeler Suter, S., Aggeler-Lätsch, F., Plangger, N. (2013): Nashorner haben ein Horn. Sprachförderung in Spielgruppen und Kindertageseinrichtungen. Klett/Kallmeyer, Seelze

Kany, W., Schöler, H. (2010): Fokus: Sprachdiagnostik. Leitfaden zur Sprachstandsbestimmung im Kindergarten. 2. Aufl. Cornelson Scriptor, Berlin/Düsseldorf/Mannheim

Kauschke, C. (2010): Unterlagen zum Vortrag bei der SAL-Tagung. Zürich

Kauschke, C. (2000): Der Erwerb des frühkindlichen Lexikons. Gunter Narr, Tübingen

Kauschke, C., Kurth, A., Domahs, U. (2011): Acquisition of German Noun Plurals in Typically Developing Children and Children with Specific Language Impairment. In: www.hindawi.com/journals/cdr/2011/718925/, 26.04.2015

Kauschke, C., Siegmüller, J. (2012): Materialien zur Therapie nach dem Patholinguistischen Ansatz (PLAN). Syntax und Morphologie. Elsevier, München

Keller, H. (2011): Kinderalltag. Springer, Heidelberg/Berlin

Kieferle, C., Reichert-Garschhammer, E., Becker-Stoll, F. (2013): Sprachliche Bildung von Anfang an. Strategien, Konzepte und Erfahrungen. Vandenhoeck & Ruprecht, Göttingen

Kiening, D. (2011): Ausgewählte Aspekte der sprachlichen Mutter-Kind-Interaktion bei 2-jährigen Kindern mit spätem Sprechbeginn. Inaugural-Dissertation zur Erlangung des Doktorgrades der Philosophie an der Ludwig-Maximilians-Universität München. In: http://edoc.ub.uni-muenchen.de/13517/, 26.04.15

King, S., Metz, A., Kammermeyer, G., Roux, S. (2011): Ein sprachbezogenes Fortbildungskonzept für Erzieherinnen auf Basis situierter Lernbedingungen. Empirische Pädagogik 25 (4), 481–498

Klann-Delius, G. (2008): Modelle des kindlichen Wortschatzerwerbs. In: Wahl, M., Heide, J., Hanne, S. (Hrsg.): Spektrum Patholinguistik 1. Der Erwerb von Lexikon und Semantik. Meilensteine, Störungen und Therapie. Universitätsverlag, Potsdam, 1–18

König, A. (2010): Interaktion als didaktisches Prinzip. Bildungsprozesse bewusst begleiten und gestalten. Bildungsverlag, Troisdorf

König, A. (2009): Interaktionsprozesse zwischen ErzieherInnen und Kindern. Eine Videostudie aus dem Kindergartenalltag. VS Verlag, Wiesbaden

König, A. (2007): Dialogisch-entwickelnde Interaktionsprozesse als Ausgangspunkt für die Bildungsarbeit im Kindergarten. Bildungsforschung 4 (1), 1–21

König, A., Friederich, T. (2014). Inklusion durch Sprachliche Bildung – Schlüssel für gesellschaftliche Teilhabe von Anfang an. In: König, A., Friederich, T. (Hrsg.): Inklusion durch Sprachliche Bildung. Neue Herausforderungen im Bildungssystem. Beltz, Juventa/Weinheim, 9–14

Kraus, K. (2005): Dialogisches Lesen – Neue Wege der Sprachförderung im Kindergarten und Familie. In: Roux, S. (Hrsg.): PISA und die Folgen: Sprache und Sprachförderung im Kindergarten. Verlag Empirische Pädagogik, Landau, 109–129

Kucharz, D. (2012): Elementarbildung. Bachelor/Master. Beltz, Weinheim/Basel

Kuger, S., Sechtig, J., Anders, Y. (2012): Kompensatorische (Sprach-)Förderung. Was lässt sich aus US-amerikanischen Projekten lernen? Frühe Bildung 1 (4), 181–193

Küspert, P., Schneider, W. (2008): Hören, lauschen, lernen; Sprachspiele für Kinder im Vorschulalter – Würzburger Trainingsprogramm zur Vorbereitung auf den Erwerb der Schriftsprache Hören, lauschen, lernen – Sprachspiele für Vorschulkinder. 6. Aufl. Vandenhoeck & Ruprecht, Göttingen

Laaha, S., Ravid, D., Korecky-Kröll, K, Laaha, G., Dressler, W. (2006): Early Noun Plurals in German: Regularity, Productivity or Default? Journal of Child Language 33 (2), 271–302

Levelt, W. J. M. (1989): Speaking: From Intention to Articulation. MIT Press, Cambridge

Lever, R., Sénéchal, M. (2011): Discussing Stories: On How a Dialogic Reading Intervention Improves Kindergartners' Oral Narrative Construction. Journal of Experimental Child Psychology 108 (1), 1–24

Licandro, U., Lüdtke, U. (2013): Peer-Interaktionen. Sprachbildung in und durch die Gruppe. (Themenheft Nr. 15). Niedersächsisches Institut für frühkindliche Bildung und Entwicklung, Osnabrück

Löffler, C. (2011): Dialekt und Standardsprache – sprechen und schreiben. In: Knapp, W., Löffler, C., Osburg, C., Singer K. (Hrsg.): Sprechen, schreiben und verstehen. Sprachförderung in der Primarstufe. Friedrich Verlag, Seelze, 180–192

Lonigan, C. J., Whitehurst, G. J. (1998): Relative Efficacy of Parent and Teacher Involvement in a Shared-Reading Intervention for Preschool Children from Low-Income Backgrounds. Early Childhood Research Quarterly 13 (2), 163–290

Lorentz, G. (1999): Freispiel im Kindergarten. Herder, Freiburg i Br.

McElvany, N., Herppich, S., Van Steensel, R., Kurvers, J. (2010): Zur Wirksamkeit familiärer Frühförderungsprogramme im Bereich Literacy-Ergebnisse einer Meta-Analyse. Zeitschrift für Pädagogik 56 (2), 178–192

Meibauer, J. (2001): Pragmatik. Eine Einführung. Stauffenburg, Tübingen

Menyuk, P. (2000): Wichtige Aspekte der lexikalischen und semantischen Entwicklung. In: Grimm, H. : Enzyklopädie der Psychologie. Themenbereich C Theorie und Forschung, Serie III Sprache, Band 3: Sprachentwicklung. Hogrefe, Göttingen, 171–192

Milne, A. A., Shepard E. H. (2014): Pu der Bär. Dressler, Hamburg

Ministerium für Kultus, Jugend und Sport Baden-Württemberg (2011): Orientierungsplan für Bildung und Erziehung in baden-württembergischen Kindergärten und weiteren Kindertageseinrichtungen. In: www.kultusportal-bw.de/site/pbs-bw/get/documents/KULTUS.Dachmandant/KULTUS/import/pb5start/pdf/KM_KIGA_Orientierungsplan_2011.pdf, 26.04.2015

Motsch, H.-J. (2010): Kontextoptimierung. Evidenzbasierte Intervention bei grammatischen Störungen in Therapie und Unterricht. 3., völlig überarb. und erw. Aufl. Ernst Reinhardt Verlag, München/Basel

Nickel, S. (2014): Sprache & Literacy im Elementarbereich. In: Braches-Chyrek, R., Röhner, C., Sünker, H., Hopf, M. (Hrsg.): Handbuch frühe Kindheit. Budrich, Leverkusen, 663–675

Nordqvist, Sven (1984): Pettersson und Findus. Eine Geburtstagstorte für die Katze. Oetinger, Hamburg

OECD (2004): Die Politik der frühkindlichen Betreuung, Bildung und Erziehung in der Bundesrepublik Deutschland. Ein Länderbericht der Organisation für wirtschaftliche Zusammenarbeit und Entwicklung (OECD). In: www.bmfsfj.de/RedaktionBMFSFJ/Pressestelle/Pdf-Anlagen/oecd-studie-kinderbetreuung,property=pdf.pdf, 05.05.2015

Reichert-Garschhammer, E., Kieferle, C. (Hrsg.) (2011): Sprachliche Bildung in Kindertageseinrichtungen. Herder, Freiburg i. Br.

Reimann, B. (2009): Im Dialog von Anfang an. Die Entwicklung der Kommunikations- und Sprachfähigkeit in den ersten drei Lebensjahren. Cornelsen Scriptor, Berlin

Remsperger, R. (2013): Das Konzept der Sensitiven Responsivität. Ein Ansatz zur Analyse des pädagogischen Antwortverhaltens in der ErzieherInnen-Kind-Interaktion. Frühe Bildung 2013 2 (1). Hogrefe, Göttingen 12–19

Renkl, A. (2001): Träges Wissen. In: Rost, D. (Hrsg.): Handwörterbuch. Pädagogische Psychologie. Beltz, Weinheim, 717–720

Reusser, K. (2008): Empirisch fundierte Didaktik—didaktisch fundierte Unterrichtsforschung. In: Meyer, M. A., Prenzel, M., Hellekamps, S. (Hrsg.): Perspektiven der Didaktik Zeitschrift für Erziehungswissenschaft. Sonderheft 8. VS Verlag für Sozialwissenschaften, Wiesbaden, 219–237

Rice, M. L., Sell, M. A., Hadley, P. A. (1991): Social Interactions of Speech- and Language-Impaired Children. Journal of Speech, Language, and Hearing Research 34 (6), 1299–1307

Rice, M. L.,Wilcox, K. A. (1995). Building a Language-Focused Curriculum for the Preschool Classromm. Volume I. A Foundation for Lifeling Communication. Brookes, Baltimore/London/Toronto/Sydney

Ritterfeld, U. (2007): Elternpartizipation. In: Schöler, H., Welling, A. (Hrsg.): Sonderpädagogik der Sprache. Handbuch Sonderpädagogik, Band 1. Hogrefe, Göttingen, 922–949

Rothweiler, M. (1993): Der Erwerb von Nebensätzen im Deutschen: Eine Pilotstudie. Max Niemeyer Verlag, Tübingen

Rothweiler, M., Kauschke, C. (2007): Lexikalischer Erwerb. In: Schöler, H., Welling A. (Hrsg.): Handbuch Sonderpädagogik. Bank 1: Sonderpädagogik der Sprache. Hogrefe, Göttingen, 42–57

Ruberg, T., Rothweiler, M. (2012). Spracherwerb und Sprachförderung in der KiTa. Kohlhammer, Stuttgart

Rupp, S. (2013): Semantisch-lexikalische Störungen bei Kindern. Springer, Berlin

Sachse, S. (2005): Früherkennung von Sprachentwicklungsstörungen. In: Suchodoletz, v. W. (Hrsg.): Früherkennung von Entwicklungsstörungen. Frühdiagnostik bei motorischen, kognitiven, sensorischen, emotionalen und sozialen Entwicklungsauffälligkeiten. Hogrefe, Göttingen, 155–189

Sachse, S., Budde, N., Rinker, T., Groth, K. (2012): Evaluation einer Sprachfördermaßnahme für Vorschulkinder. Frühe Bildung 1 (4), 194–201

Sammons, P., Sylva, K., Melhuish, E., Siraj-Blatchford, I., Taggart, B., Grabbe, Y., Barreau, S. (2007): Effective Pre-School and Primary Education 3-11. Project (EPPE 3-11): Summary Report, Influences on Children's Attainment and Progress in Key Stage 2: Cognitive Outcomes in Year 5. Institute of Education, University of London / Department for Education and Skills, London

Schlesiger, C. (2009): Sprachtherapeutische Frühintervention für Late Talkers: Eine randomisierte und kontrollierte Studie zur Effektivität eines direkten und kindzentrierten Konzeptes. Wissenschaftliche Schriften im Schulz-Kirchner Verlag: Beiträge zur Gesundheits- und Therapiewissenschaft 13 (4), Schulz-Kirchner, Idstein

Schönfelder, M. (2014): Sprachlernsettings mit Fragen anregend und sprachfördernd gestalten. In: Blechschmidt, A., Schräpler, U. (Hrsg.): Frühe sprachliche Bildung und Inklusion. Schwabe Verlag, Basel, 65–79

Schuele, C. M., Rice, M. L., Wilcox, K. (1995). Redirects. A Strategy to Increase Peer Interaction. Journal of Speech Language and Hearing Research 38 (6), 1319–1333

Siegmüller, J., Kauschke, C. (2006): Patholinguistische Therapie bei Sprachentwicklungsstörungen. Elsevier, Urban & Fischer, München

Singer, K. (2011): Schwierigkeiten beim Kommunizieren, Sprechen und bei der Stimmgebung. In: Knapp, W., Löffler, C., Osburg, C., Singer, K. (2011): Sprechen, schreiben und verstehen. Sprachförderung in der Primarstufe. Friedrich Verlag, Seelze, 229–243.

Siraj-Blatchford, I., Manni, L. (2008): „Would You Like to Tidy up Now?" An Analysis of Adult Questioning in the English Foundation Stage. Early Years 28 (1), 5–22

Siraj-Blatchford, I., Sylva, K. (2004): Researching Pedagogy in English Pre-Schools. British Educational Research Journal, 30 (5), 713–730

Siraj-Blatchford, I., Sylva, K., Muttock, S., Gilden, R., Bell, D. (2002): Researching Effective Pedagogy in the Early Years. Research Report No. 356. Department for Education and Skills, London

Snow, C. (1977): Mothers' Speech Research: From Input to Interaction. In: Snow, C., Ferguson, C. A. (Hrsg.): Talking to Children. Language Input and Interaction. University Press, Cambridge, 31–49

Spitz-Güdden, C. (2010): Der besondere Stellenwert des Situationsorientierten Ansatzes im weiten Feld der unterschiedlichen elementarpädagogischen Ansätze. In: Krenz, A. (Hrsg.): Kindorientierte Elementarpädagogik. Vandenhoeck & Ruprecht, Göttingen, 71–91

Sylva, K., Melhuish, E., Sammons, P., Siraj- Blatchford, I., Taggart, B. (2004): The Effective Provision of Pre-School Education (EPPE) Project: Findings from Pre-School to End of Key Stage 1. Institut of Education, London

Szagun, G. (2011): Sprachentwicklung beim Kind. 4. Aufl. Beltz, Weinheim / Basel

Szagun, G., Steinbrick, C., Franik, M., Stumper, B. (2006): Development of Vocabulary and Grammar in Young German-Speaking Children Assessed with a German language Development Inventory. First Language 26 (3), 259–280

Thiele, J. (2003): Das Bilderbuch. Ästhetik – Theorie – Analyse – Didaktik – Rezeption. Isensee, Oldenburg

Torr, J., Scott, C. (2006): Learning ‚Special Words'. Technical Vocabulary in the Talk of Adults and Preschoolers During Shared Reading. Journal of Early Childhood Research 4 (2), 153–167

Tough, J. (1977): Talking and Learning. A Guide to Fostering Communication Skills in Nursery and Infant Schools. Drake Educational Associates, London

Tournier, M., Wadepohl, H., Kucharz, D. (2014): Analyse des pädagogischen Handelns in der Freispielbegleitung. In: Kucharz, D., Mackowiak, K., Ziroli, S., Kauertz, A., Rathgeb-Schnierer, E., Dieck, M. (Hrsg.): Professionelles Handeln im Elementarbereich (PRIMEL). Waxmann, Münster, 99–122

Tracy, R. (2008): Wie Kinder Sprachen lernen. Und wie wir sie dabei unterstützen können. 2. Aufl. Francke Verlag, Tübingen

Vasilyeva, M., Waterfall, H. (2011): Variability in Language Development: Relation to Socioeconomic Status and Environmental Input. In: Neuman, S. B., Dickinson, D. K. (Hrsg.): Handbook of Early Literacy Research. The Guilford Press, New York, 36–48

Vogt, F., Haid, A., Itel, N., Löffler, C., Schönfelder, M., Zumwald, B. (in Druck): Professionalisierung für alltagsintegrierte Sprachförderung in Kindergarten, Kita und Spielgruppe: Videobasierte Analyse zur Veränderung von Handlungskompetenzen. Empirische Pädagogik

Vogt, S., Gumpert, M., Korntheuer, P. (2014): Leitfaden sprachtherapeutische Anamnese bei Kindern. In: Korntheuer, P., Gumpert, M., Vogt, S. (Hrsg.): Anamnese in der Sprachtherapie. Ernst Reinhardt Verlag, München/Basel, 35–50

Vygotskij, L. S. (1972): Denken und Sprechen. Fischer, Stuttgart

Wannack, E., Arnaldi, U., Schütz, A. (2009): Die Bedeutung des freien Spiels in der Kindergartendidaktik. 4 bis 8, Fachzeitschrift für Kindergarten und Unterstufe. Spezialnummer zum Thema Freispiel

Wasik, B. A., Hindman, A. H. (2011): Improving Vocabulary and Pre-Literacy Skills of At Risk Preschoolers Through Teacher Professional Development. Journal of Educational Psychology 103 (2), 455–469

Weinert, S., Grimm, H. (2012): Sprachentwicklung. In: Schneider, W, Lindenberger, U. (Hrsg.): Entwicklungspsychologie. 7. Aufl. (Nachfolger von Oerter/Montada). Beltz, Weinheim, 433–456

Weinreich, M., Zehner, H. (2011): Phonetische und phonologische Störungen bei Kindern. Springer, Berlin

Weitzman, E., Greenberg, J. (2002): Learning Language and Loving It. A Guide to Promoting Children's Social and Language Development in Early Childhood Settings. The Hanen Centre, Toronto

Weizman, Z. O., Snow C. E. (2001): Lexical Input as Related to Children's Vocabulary Acquisition: Effects of Sophisticated Exposure and Support for Meaning. Developmental Psychology 37 (2), 265–279

Whitehurst, G. J., Falco, F. L., Lonigan, C. J., Fischel, J. E., DeBaryshe, B. D., Valdez-Menchaca, M. C., Caulfield, M. (1988): Accelerating Language Development Through Picture Book Reading. Developmental Psychology 23 (4), 552–559

Whitehurst, G. J., Zevenbergen, A. A., Crone, D. A., Schultz, M. D., Velting, O. N. Fischel, J. E. (1999): Outcomes of an Emergent Literacy Intervention from Head Start through Second Grade. Journal of Educational Psychology 91 (2), 261–272

Wiedenmann, M. (2007): Sprachförderung im Kontext von Kooperation. In: Wiedenmann, M., Holler-Zittlau. I. (Hrsg.): Handbuch Sprachförderung. Beltz, Weinheim/Basel, 21–38

Wode, H. (1988): Einführung in die Psycholinguistik: Theorien, Methoden, Ergebnisse. Hueber, München

Zollinger, B. (2004): Die Entdeckung der Sprache. 6. Aufl. Haupt, Bern

Die Autorinnen

Haid, Andrea, Prof. Dr., Dipl.-Logopädin und Linguistin, ist Leiterin der Abteilung Forschung & Entwicklung an der Schweizer Hochschule für Logopädie in Rorschach.

Itel, Nadine, M.A., Dipl.-Logopädin, ist wissenschaftliche Mitarbeiterin am Institut Lehr- und Lernforschung der PH St. Gallen und Doktorandin der Universität Hannover.

Löffler, Cordula, Prof. Dr., Sonderschulpädagogin und Germanistin, lehrt „Sprachliches Lernen" im Fach Deutsch an der PH Weingarten.

Reichmann, Elke, Prof. Dr., Grundschulpädagogin, lehrt an der EH Ludwigsburg und leitet den Studiengang B.A. Frühkindliche Bildung und Erziehung.

Schönfelder, Mandy, ist akademische Mitarbeiterin und Doktorandin an der PH Weingarten.

Vogt, Franziska, Prof. Dr., Primarlehrerin, leitet das Institut Lehr- und Lernforschung an der PH St. Gallen und lehrt dort Pädagogik und Psychologie.

Zumwald, Bea, Prof. Dr., Sonderpädagogin, ist wissenschaftliche Mitarbeiterin am Institut für Lehr- und Lernforschung an der PH St. Gallen und lehrt Sonderpädagogik.

Sachregister

Passwort für die Online-Materialien
Das Passwort zum Öffnen des Zusatzmaterials lautet: EneMeneMuh!
Bitte geben Sie das Passwort nicht weiter!

Sprachförderung kinderleicht

Wolfgang G. Braun /
Janna Kosack
Mit Kindern sprechen und lesen
2012. DVD mit Film
ca. 50 Min.
(978-3-497-02324-0)

»Noch einmal, noch ein letztes Mal…« hören vorlesende Eltern und Großeltern immer wieder. Und wer erinnert sich nicht selbst gerne an spannende und gemütliche Vorlesestunden?

Wir wissen heute, dass sich das gemeinsame Betrachten und das Sprechen über Bilderbücher positiv auf die sprachliche, emotionale und soziale Entwicklung von Kindern auswirken. Der Film „Mit Kindern sprechen und lesen" zeigt, worauf es beim Vorlesen und Sprechen mit Kindern von zwei bis acht Jahren ankommt, und was der Sprachentwicklung eher hinderlich ist. Zu jeder Altersgruppe (2–3 Jahre, 3–5 Jahre, 6–8 Jahre) gibt es ein eigenes Kapitel. Für alle Mamas und Papas, Omas und Opas, die mehr aus der „Märchenstunde" machen wollen!

reinhardt
www.reinhardt-verlag.de